"十四五"职业教育国家规划教材

电子商务类专业创新型人才培养系列教材

# 网店客服

微课版·第2版

刘　桓　刘莉萍　赵建伟/主　编

赵爱香　张瑞娟　陈彦珊/副主编

盛立强/主　审

ELECTRONIC

COMMERCE

人民邮电出版社

北　京

图书在版编目（ＣＩＰ）数据

网店客服：微课版 / 刘桓，刘莉萍，赵建伟主编
. -- 2版. -- 北京：人民邮电出版社，2023.3
电子商务类专业创新型人才培养系列教材
ISBN 978-7-115-60542-9

Ⅰ．①网… Ⅱ．①刘… ②刘… ③赵… Ⅲ．①网店－
商业服务－高等学校－教材 Ⅳ．①F713.365.2

中国版本图书馆CIP数据核字(2022)第224159号

## 内 容 提 要

　　本书以网店客服的实际工作岗位内容为主线，系统全面地讲解了网店客服的理论知识，全书共 8
章，分别讲解了网店客服的岗前准备，与顾客有效沟通，网店客服的销售技能，给顾客满意的售中、
售后体验，智能客服的使用，客户关系管理，打造金牌客服团队等内容；最后讲解了全国职业院校技
能大赛"电子商务技能"赛项的专用软件—— ITMC"电子商务综合实训与竞赛系统"网店客户服务
实训软件的使用，以及如何与顾客进行在线沟通，帮助读者顺利完成国赛相关赛项的比赛。本书在讲
解过程中穿插了相应的案例并对其进行了详细的分析，这些案例可以有效支撑所述内容。同时，这些
案例也涵盖了比赛中关于网店客服的考核要求，从而保证读者能游刃有余地完成比赛。

　　本书可以作为高等职业院校电子商务、网络营销与直播电商、市场营销等专业"网店客服"课程
的教材，也可以作为电子商务网店客服从业人员的参考书。

◆ 主　　编　刘　桓　刘莉萍　赵建伟
　　副 主 编　赵爱香　张瑞娟　陈彦珊
　　主　　审　盛立强
　　责任编辑　白　雨
　　责任印制　王　郁　彭志环
◆ 人民邮电出版社出版发行　　北京市丰台区成寿寺路 11 号
　　邮编　100164　电子邮件　315@ptpress.com.cn
　　网址　https://www.ptpress.com.cn
　　大厂回族自治县聚鑫印刷有限责任公司印刷
◆ 开本：787×1092　1/16
　　印张：14.25　　　　　　　　　　　　2023 年 3 月第 2 版
　　字数：312 千字　　　　　　　　　2024 年 12 月河北第 7 次印刷

定价：49.80 元

读者服务热线：(010)81055256　印装质量热线：(010)81055316
反盗版热线：(010)81055315
广告经营许可证：京东市监广登字 20170147 号

近年来，随着我国电子商务产业的迅猛发展，电商网店正在成为拉动消费、促进产业升级、发展现代服务业的重要引擎。对于数字经济和数字贸易，党的二十大报告提出："加快发展数字经济，促进数字经济和实体经济深度融合，打造具有国际竞争力的数字产业集群。"表明未来经济中网络经济、数字经济、电子商务新业态的重要地位和作用。同时，也为网店客服、网络营销等新业态的发展提供了巨大市场空间。

## 一、本书内容

本书在第1版的基础上不仅更新了相关软件使用说明、相关数据和相关平台规则，还增加了直播客服、智能客服的知识讲解，同时优化了客服的售中、售后服务内容。全书共8章，前7章为基础知识，第8章则是对ITMC网店客户服务实训软件的使用说明。各章的具体内容和学习目标如下表所示。

| 章 | 主要学习内容 | 学习目标 |
|---|---|---|
| 第1章<br>网店客服的岗前准备 | 1. 初识网店客服<br>2. 网店客服应具备的知识<br>3. 网店客服应具备的操作技能<br>4. 网店客服应具备的基本素质 | 了解什么是网店客服，并掌握网店客服应具备的知识和操作技能 |
| 第2章<br>与顾客有效沟通 | 1. 与顾客沟通的目的<br>2. 与顾客沟通的原则<br>3. 处理顾客咨询的流程<br>4. 打消顾客疑虑 | 熟悉与顾客沟通的原则，掌握处理顾客咨询的流程及打消顾客疑虑的方法 |
| 第3章<br>网店客服的销售技能 | 1. 销售接待<br>2. 促销设置与活动推广<br>3. 售前客服的销售技巧与话术<br>4. 协助催付<br>5. 直播客服的销售技能 | 掌握销售接待和协助催付的方法，掌握通过千牛工作台促销设置与活动推广的相关操作，并熟悉直播客服的销售技能 |
| 第4章<br>给顾客满意的售中、售后体验 | 1. 做好售中服务体验<br>2. 主动询问体验感受<br>3. 售后服务的重要性<br>4. 售后服务管理<br>5. 顾客投诉处理<br>6. 完善售后服务的标准流程<br>7. 售后客服的话术分类 | 掌握售中、售后的处理方法，包括做好售中服务体验、主动询问体验感受、售后服务的管理、顾客投诉的处理及售后服务标准流程的完善 |
| 第5章<br>智能客服的使用 | 1. 认识智能服务<br>2. 在线机器人的知识管理<br>3. 在线机器人——阿里店小蜜<br>4. 阿里店小蜜的基本功能<br>5. 智能客服导师——人工智能训练师 | 了解什么是智能服务，掌握在线机器人的知识管理方法，熟悉阿里店小蜜的基本功能和使用方法，了解什么是人工智能训练师 |
| 第6章<br>客户关系管理 | 1. 客户关系管理基础<br>2. 顾客分析与打标签<br>3. 维护顾客关系<br>4. 提高顾客忠诚度<br>5. 搭建顾客互动平台 | 熟悉客户关系管理的基本方法与策略，掌握顾客分析与打标签、维护顾客关系的方法；掌握搭建顾客互动平台的方法，以此维护顾客关系，提高顾客忠诚度 |
| 第7章<br>打造金牌客服团队 | 1. 网店客服的培训<br>2. 网店客服的日常管理<br>3. 网店客服的激励机制与绩效考核<br>4. 合理调动客服的积极性 | 掌握打造金牌客服团队的相关知识，包括网店客服的培训、网店数据的监控、客服的激励机制、客服的绩效考核等 |

# 前言

| 章 | 主要学习内容 | 学习目标 |
|---|---|---|
| 第 8 章 ITMC 网店客户服务实训软件介绍 | 1. 进入系统页面<br>2. 查看试卷背景材料和添加快捷回复<br>3. 开始答题<br>4. 疑难解答 | 掌握 ITMC 网店客户服务实训软件的相关操作 |

## 二、本书特点

本书主要具有以下特点。

### 1. 知识系统，结构合理

本书从网店客服的岗前准备工作着手，从易到难，层层深入，详细介绍了网店客服的工作内容和相关的工作技巧。与此同时，本书按照"案例导入＋基础知识+本章实训"的方式进行讲解，让读者在学习基础知识的同时，同步实战练习，从而加强对知识的理解与运用。本书配套PPT课件、教案等教学资源，读者登录人邮教育社区（www.ryjiaoyu.com）即可获取。

### 2. 内容形式丰富，融入价值教育

本书提供了一些具有代表性的真实客服案例，读者可以通过这些案例学习服务顾客的方法和相关技巧。另外，书中的"经验之谈"小栏目是与内容相关的经验、技巧与提示，能帮助读者更好地梳理知识点；"学思融合"小栏目主要采用了"课堂活动"和"活动分析"的形式，围绕法制观念、职业道德、思想品德等内容展开讨论、分析，从而提升读者的思想政治素质，帮助读者树立正确的价值观念，培养读者的职业认同感和责任感；"职业素养"小栏目围绕职业意识、职业精神、职业技能、工作态度等内容展开，让读者在学习知识的同时，提升自身的职业修养。

### 3. 视频同步演示

本书通过二维码的方式为读者提供了配套的视频教学资料，视频内容直观、有针对性，读者直接扫描二维码即可获取。

### 4. 结合大赛，实战性强

本书的知识讲解与实例操作同步进行，所涉及的案例尽可能还原了全国职业院校技能大赛"电子商务技能"赛项的要求，使读者在完成本书的学习任务后，不仅能掌握网店客服的相关知识，还能对整个比赛的要求、比赛系统的形式等有整体了解。

## 三、本书作者

本书由苏州经贸职业技术学院盛立强担任主审，苏州经贸职业技术学院刘桓、襄阳职业技术学院刘莉萍、无锡职业技术学院赵建伟担任主编，武汉软件工程职业学院赵爱香、郑州信息科技职业学院张瑞娟、江门市新会高级技工学校陈彦珊担任副主编。

由于编者水平有限，难免存在不足之处，敬请广大读者批评指正。

编 者

2022年12月

CONTENTS                                                          目录

# 1

## 第1章
## 网店客服的岗前准备…………001

# 2

## 第2章
## 与顾客有效沟通……………… 039

# 目录

# 目录

7

## 第7章
## 打造金牌客服团队 ……… 191

8

## 第8章
## ITMC网店客户服务实训软件
## 介绍 ……… 213

# 网店客服的岗前准备

随着信息技术的飞速发展，电子商务（简称"电商"）已催生出了多种形式的网店，同时也使顾客对网店商品和服务的购物体验提出了更高的要求。网店客服不仅能为顾客提供服务、解决问题，还是网店形象的担当，是顾客了解网店商品及品牌的媒介，是决定顾客购物体验优劣的重要角色之一。因此，网店客服上岗前需要做好基本的准备工作，只有这样才能让顾客享受良好的购物体验。

- 初识网店客服
- 网店客服应具备的知识
- 网店客服应具备的操作技能
- 网店客服应具备的基本素质

知识要点

电子商务是数字经济中表现十分活跃且发展势头良好的新业态，随着其技术、模式、业态的不断创新，社会对电子商务新型人才的需求也在提升，对电子商务从业人员的职业素养、知识能力、操作技能及专业化程度都提出了更高的要求，因此，网店客服只有成为一名多元化的高素质人才，才能更好地服务顾客。

- 治国经邦，人才为急。只有加强高素质客服人员的培养，才能为顾客提供优质的服务，才能保证电子商务企业的发展和竞争优势。
- 努力成为一名有德有才、有理想、有信念的人。

视野拓展

# 1.1 初识网店客服

案例导入

网店客服并非只是
打字那么简单

随着网络购物的不断兴起与普及，"网店客服"这一职业悄然兴起，并成为网店经营的重要组成部分。网店客服通过与顾客的沟通，向顾客传递商品信息、推销网店商品，是网店必不可少的一个重要岗位，那么，网店客服的重要性具体体现在哪些方面呢？网店客服又有哪些职责和分类呢？

## 1.1.1 网店客服的重要性

在网店经营中，客服是唯一一个能够跟顾客直接进行沟通的，这种沟通融合了情感，会给顾客带来更好的购物体验。网店客服的重要性主要体现在以下 5 个方面。

### 1. 影响顾客的购物体验

顾客在访问网店前就已经萌生了购买商品的意愿，而网店客服的服务可以在最大限度上加强或减弱顾客的购买欲望，也就是说，顾客的购物体验是决定其购买行为的重要因素。顾客希望通过电子商务平台获取的不仅是超值的商品，还包括令人满意的服务。图 1-1 所示为顾客购物体验的良性循环。

降低顾客的防御心，与顾客成为朋友，并获取顾客信息

增强顾客的愉悦感，让顾客对网店产生好感和信心

建立顾客群，创造销售优势，促使顾客再购买

让顾客成为网店的免费推广者，即将自己愉快的购物经历分享给周围的朋友

图1-1 顾客购物体验的良性循环

若顾客对网店客服的服务感到不满，那么就不会再次购买店内的商品，并且这其中约有 70% 的顾客会向周围的 9 ~ 11 人进行抱怨，约有 20% 的顾客会将这次不愉快的购物体验告诉给至少 20 个人以上。图 1-2 所示为顾客购物体验的恶性循环。

### 2. 影响网店的成交量

成交量是网店在某段时间内的具体交易数，成交量越大，网店的生意越好，网店所具有的竞争力也就越强。影响网店成交的因素有很多，网店客服的好坏是其中的重要因素之一。

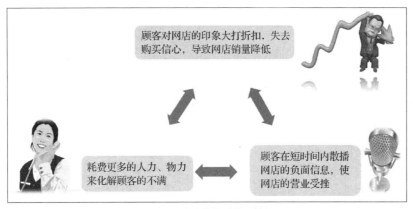

图1-2　顾客购物体验的恶性循环

顾客的成交方式一般分为两种：一种是顾客通过阅读商品详情页面了解商品，在没有咨询客服的情况下直接下单；另一种是顾客咨询客服后再下单，此时，客服服务的好坏就成了顾客是否继续购买商品的决定性因素。一旦产生咨询需求，就意味着顾客已经有了购买欲望，但还有一些疑虑，希望通过客服的帮助来解决，若成功解决疑虑，则90%以上的顾客会选择下单。一般来说，咨询过客服的顾客的客单价往往比直接下单的顾客要高。

### 3. 影响网店的形象

网店是一种基于互联网的虚拟店铺，顾客进入网店后不能接触到真实的商品，只能通过网店中显示的文字、图片、视频等信息来了解，不能对网店有一个整体的印象，因此容易产生怀疑和距离感。此时，客服就需要通过良好的服务态度和细心的回复，帮助顾客了解网店的相关信息，从而在顾客心中逐渐树立起良好的网店形象。

同时，客服还可以通过巧妙的语言文字来传递品牌信息，以帮助顾客了解网店的定位和形象。如果网店的商品质量优秀，客服的服务态度良好，且性价比高，那么当顾客有购买的需求时，就会第一时间想起他心中有印象的网店，从而达到品牌宣传的目的。

### 4. 影响网店的经营

在网上开店，同类商品的竞争很激烈，价格差别也不大，因此，彼此的竞争就体现在商品的品质和网店客服的服务水平上。网店在经营过程中，难免会遇到退换货、退款、交易纠纷、顾客投诉、差评等经营风险，这就要求客服能够熟悉店内的商品。如果客服能够做到精准推荐，那么就能有效控制退换货、退款等情况的发生，还能避免触犯平台规则。

### 5. 影响网店的服务数据

目前，电商平台对网店的服务质量有一定的评分标准，当网店评分不符合标准时，就会影响网店商品在搜索结果中的排名，以及网店参加活动的资质。因此，网店在经营过程中，要尽可能地保证网店的服务类评分达到或超过同行业的平均值。

网店首页会显示网店综合评分，顾客可以通过网店的综合评分来判断网店的经营

**004** 状况及各种服务指标，如图 1-3 所示。与此同时，平台也会在后台数据中考核网店的综合评分，以此来判断网店是否被广大顾客喜欢，是否值得把网店推荐给更多的顾客等。

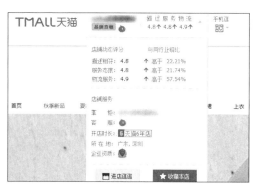

图1-3 网店综合评分

## 1.1.2 网店客服的职责

网店客服是基于互联网的一种服务顾客的工作，其分工已经达到了相当细致的程度，有通过阿里旺旺聊天工具解答顾客疑问的客服，有导购客服，有投诉客服等。那么，网店客服到底有哪些职责呢？

- **接待顾客：** 每天通过阿里旺旺等聊天工具与顾客进行线上沟通，或者通过打电话的形式与顾客进行直接沟通，帮助顾客解决遇到的问题。
- **销售商品：** 根据掌握的商品知识，结合顾客的实际需求，运用恰当的销售技巧把商品推荐给顾客，最终促成订单。
- **解决顾客问题：** 从专业的角度为顾客解决交易过程中遇到的各种问题，如商品问题、支付问题、物流问题等。
- **后台操作：** 网店客服的后台操作一般包括交易管理、物流管理、商品管理及顾客服务等。图1-4所示为千牛工作台卖家中心的"商品"页面，客服可以在其中进行商品管理，如发布商品、整理图片、管理商品库存等（注：在淘宝网中，"商品"也称为"宝贝"，两者含义相同，因此本书图片中"宝贝"均指"商品"）。除此之外，客服还可以通过左侧的工具栏进行交易、店铺、营销等相关操作。
- **顾客信息收集：** 收集顾客信息，了解并分析顾客需求，为网店的顾客维护和顾客营销提供可靠的顾客信息依据。
- **问题的收集与反馈：** 及时对顾客提出的有关商品及网店服务等方面的意见或建议进行收集整理，并反馈给相关岗位。

图1-4 千牛工作台卖家中心的"商品"页面

● **顾客回访：** 定期或不定期地进行顾客回访，以检查顾客关系的维护情况，建立顾客档案、质量跟踪记录等售后服务信息管理系统，以发展和维护良好的顾客关系。

## 1.1.3 网店客服的分类

一般小规模的网店对客服岗位的工作没有进行细分，但对于中大型网店来说，其订单多、工作量大，如果没有对客服进行流程化、系统化的管理，就很容易出错，并最终导致网店的销量受损。因此，一般情况下，中大型网店会对客服进行明确的分工，根据客服工作的流程，将网店客服分为售前客服、打包客服、售后客服、投诉客服4种类型。

### 1. 售前客服

售前客服的主要工作是通过阿里旺旺、电话等途径解答顾客在购物过程中的所有疑问，进而帮助顾客更好地挑选商品。在这个过程中，售前客服还可以向顾客推销商品，为网店带来销售业绩。

### 2. 打包客服

打包客服的主要工作是核对顾客的订单信息，确认信息无误后根据订单分拣货物，最后打包订单中包含的商品并发货。

### 3. 售后客服

售后客服的主要工作是解决快递物流、处理退换货及中差评等。售后客服负责处理的订单主要是已发货状态的订单，只要订单处于已发货状态，此后来咨询订单相关情况的顾客都将由售后客服来提供服务。做好顾客的售后工作也是新一轮销售的开始。

### 4. 投诉客服

投诉客服主要负责处理交易成功后的顾客投诉、意见及对顾客投诉意见处理的回访等工作。

### 1.1.4 客服部门与其他部门的对接关系

一个完整的电子商务团队一般会安排客服、推广与运营、仓储、美工、财务及生产等多个工作部门。而客服作为电子商务团队中的一个关键岗位，与其他部门都有着紧密联系，如图1-5所示。下面主要介绍客服与推广与运营、美工、仓储的对接关系。

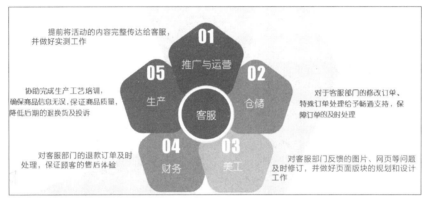

图1-5　客服与其他部门的对接关系

#### 1. 客服与推广运营

严格来说，推广运营可分推广和运营两个岗位。

网店中的推广部门主要负责引流，而客服部门则负责流量的询单转化，因此，客服部门和推广部门有着千丝万缕的联系。客服的转化率在一定程度上既能反映流量的精准度，又能反映推广活动设置的合理性。

客服部门除了要具有销售和服务能力外，还要服务于全店的运营。客服是网店中唯一一个能直接与顾客交流的岗位，对顾客问题的反馈、建议的整理、信息的收集等工作都由客服来完成，这为网店的运营提供了重要依据。因此，客服与运营部门经常有信息的交流和反馈，这样更有利于运营部门对网店的运营方案及时进行调整。

#### 2. 客服与美工

客服部门和美工部门的交流比较多，如常见的商品实物与图片的色差问题，通常客服会向顾客解释由于光线及显示器等因素，很难保证实物与图片完全相同，但是当店内的某件商品多次被顾客提出色差问题严重时，客服就应该向美工部门的人员进行反馈，使其及时调整色差。如果不能调整，客服就要在推荐商品时及时向顾客描述商品的颜色问题。

#### 3. 客服与仓储

客服部门和仓储部门也有很多交集。网店中所出售的商品都由仓储人员进行打包、发货。当顾客对订单有特殊要求时，客服就要及时与仓储人员进行沟通，采取订单备注的方式提醒仓储人员。需要注意的是，客服在做订单备注时，应当把需要仓储人员注意的信息放在备注靠前的位置，避免仓储人员未看到备注信息的情况发生。

当快递出现缺件、少件、延迟发货等情况时，客服要及时与仓储人员沟通，确认快递 **007** 状况，并及时将结果反馈给顾客。

### 经验之谈

虽然快递人员不属于网店中的任何一个岗位，但快递是网店与顾客之间的纽带，且是整个购物流程中不可缺少的部分，因此快递服务的好坏也会直接影响顾客的购物体验。当快递出现问题后，客服应主动与快递人员联系，尽量帮助顾客解决问题，以保证顾客能顺利收到快递。同时，客服也要协调顾客与快递人员之间的关系，避免双方矛盾激化。

## 1.2 网店客服应具备的知识

网店客服的灵活性很强，目前暂时还没有一个通用的行业标准去评定等级，但从客服行业的基本要求来说，一名合格的网店客服应具备丰富的知识储备，如商品知识、平台规则、交易知识、物流知识、顾客的消费心理等，只有这样才能满足实际的工作需求。

### 学思融合

**课堂活动：** 网店客服大致可以分为售前客服和售后客服两个方面。其中，售前客服主要从事引导性的服务，如解答顾客疑问；售后客服主要解决顾客下单后的售后问题，如退换货、投诉处理、顾客反馈和回访等。请尝试通过互联网，在各大人才招聘网站中搜索关于"网店客服"岗位的招聘信息，并分析网店客服需要具备哪些职业素养和职业技能。

**活动分析：** 良好的职业素养和专业的职业技能是指热情的工作态度、良好的心理素质和抗压能力、良好的沟通技能、熟练的业务知识等，即要求网店客服"德""才"兼备。此外，网店客服还需要具备工匠精神，即网店客服应具有极高的思想感悟，从专业的角度对职业技能进行钻研，并全身心地投入其中，让最终结果达到预期或超出预期。

### 1.2.1 商品知识

在与顾客沟通的过程中，整个对话内容绝大部分是围绕商品本身进行的，顾客很可

**008** 能会提几个关于商品信息的专业问题，如果客服不能给予恰当的答复，甚至一问三不知，那么无疑会打击顾客的购买热情，甚至让顾客对网店失去信心。因此，在顾客的咨询过程中，客服对商品越熟悉，顾客对网店客服就会越信任。

### 1. 对商品基础知识的了解

商品知识包括但不限于商品外观、商品基本属性、商品保养与维护、商品安装及使用方法等。

- **商品外观：** 客服要认真观察商品，并掌握其显著的外观特点，然后通过语言进行准确描述。当顾客提及商品外观时，客服就可以明确地答复。在图1-6所示的印花羊毛针织衫这一商品中，顾客可能会问针织衫上的图案是印上去的还是手工织的，这时客服应给出明确的回答，不能用"不清楚""不了解"来搪塞顾客。

**经验之谈**

顾客购买服装时，通常会担心所选服装穿上之后达不到自己想要的效果，此时，客服就需要利用自己对服装外观、质地、价格等知识的灵活掌握，做到随问随答，并在回答时突出重要信息。

图1-6 印花羊毛针织衫

- **商品基本属性：** 商品基本属性包括但不限于商品的规格、成分及含量等，这些也是客服必须掌握的商品知识，尤其是非标类的商品（指网页中没有明确规格和型号的商品，如服装类）往往款式多种多样。顾客向网店客服咨询关于服装的面料或材质时，如果客服能准确地说出来，那么顾客就会觉得客服具有一定的专业性，值得信任，如图1-7所示。
- **商品保养与维护：** 对于商品保养与维护的方法，客服应在顾客购买商品时就做出相关的阐述和说明，以确保顾客在日后可以对商品进行合理的养护，从而延长商品的使用寿命。在商品详情页面中会有一些关于商品保养与维护的相关知识，如图1-8所示，客服要熟知这些知识，并在交易过程中主动提示顾客。

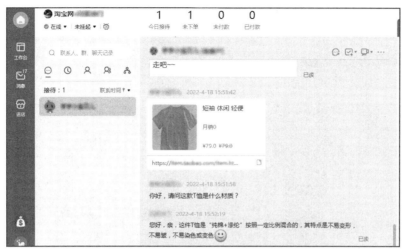

图1-7 顾客咨询服装材质问题

**小贴士**

羊毛织物反复摩擦会出现轻微浮毛现象,可用去毛器处理

**洗涤说明**

常温浸泡不超过5分钟,请使用专业羊毛羊绒洗涤剂洗涤
切勿热水洗涤,羊毛遇热会严重缩水
阴凉处平铺晾干,不可烘干,可低温熨烫
建议干洗,也可使用洗衣袋轻柔机洗

图1-8 商品保养与维护的相关知识

● **商品安装及使用方法:** 有些网店出售的商品可能需要顾客自己手动安装,所以客服需要熟练掌握商品的安装及使用方法,因为顾客可能会在收到商品后因为不会组装或者不会使用而咨询客服。此时,客服需要通过自己所掌握的商品安装知识迅速且准确地帮助顾客解决问题,以打消顾客对商品的疑虑,如图1-9所示。

图1-9 帮助顾客解决安装问题

● **商品的关联销售:** 在学习商品知识时,客服还应熟悉一些可以进行关联销售的相关商品,这样在服务顾客的过程中,就可以迅速想到所要关联的其他商品,并尝

试进行关联推荐，提高客单价。需要注意的是，在给顾客推荐关联商品时，客服一定要准确说出关联的理由，这样顾客才更容易接受。例如，客服提前准备了一些与所售T恤相关联的商品，如裤子、鞋子等，以便在服务中抓住时机准确地推送给顾客，如图1-10所示。

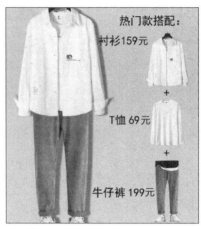

图1-10　关联商品

### 2. 对商品周边知识的了解

商品的周边知识一般是指对顾客了解与选择商品没有直接关系，但能在一定程度上指导或影响顾客选择商品，加深顾客对商品的认知度的相关知识，这里主要从商品真伪的辨别和商品附加信息两个方面进行介绍。

● **商品真伪的辨别：** 顾客有时会纠结自己所购商品的真实性，尤其是在真假难辨的网购平台上购买商品。遇到这种情况时，客服首先要掌握辨别自家商品真伪的办法，然后让顾客按照这些辨别方法直接检验商品的真伪，这样往往比反复强调商品的真伪更实用。对商品真伪辨别知识的掌握不仅可以增加顾客对这类商品的认知，还能让客服的专业性获得认可。图1-11所示为一则客服与顾客就商品真假问题而产生的对话。

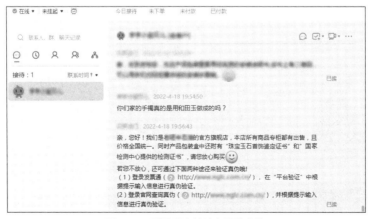

图1-11　引导顾客检验商品的真伪

- **商品附加信息：** 商品附加信息是指商品生产销售中并没有的信息，但通过信息包装赋予了商品新的价值，如×××作者推荐、×××同款商品等。这种方式利用了顾客的求名心理，通过无形中树立的代言人来让顾客在选购此类商品时不可避免地受到影响。此外，品牌价值的观点也可以为商品赋予一种精神价值，但此方法一般只适用于对品牌文化有一定认同的顾客。

### 3. 对同类商品的了解

电子商务的快速发展使得市场的同质化现象越来越严重，网店客服在面对"为什么××家和你们家的款式一模一样，但价格更便宜"这样的疑问时，不要一味地贬低和怀疑他人，而是要让顾客了解自己的商品，并通过对比同类商品突出自己商品的优势。

- **质量的比较：** 商品质量是顾客选购商品时需要考虑的因素之一，客服不仅要全面掌握商品的相关知识（包括商品的材质、规格、板型、用途和卖点等），还要熟悉同类商品的信息，找出自身商品与其他商品的区别，从而让顾客更加清楚自身商品的优势，进而留住顾客。如下为一则客服与顾客就商品质量而产生的对话。

> 🧑：我看好多家网店都有这件衣服，为什么你们家的要贵点呢？
>
> 👩：亲，这件衣服是我们家先出的热门款哦！由于销量高、上身效果好，受到很多顾客的青睐，但同时市面上也出现了很多仿款，我们家的衣服都是自家工厂定制的，原材料都是实打实的，质量、板型都是其他店无法比拟的。
>
> 🧑：哦，那有哪些优势呢？
>
> 👩：亲，您看，我们家的衣服选材十分讲究，除连接线以外，其余全部是用羊毛制作而成的，用料也有讲究，而且比较轻薄，可以呈现十分饱满的视觉效果。而其他仿款摸上去没有弹性，也不柔软光滑。
>
> 👩：其次，我们家衣服的设计也是十分考究的，肩部采用塌肩设计，肩型圆润不硬朗，可以拉长手臂线条。同时采用简约的无扣门襟，干净清爽，且同色系的腰带能够收敛宽松腰身，是十分经典的装饰。

> 🧑：原来是这样啊！那我可以放心购买啦！

- **货源的比较：** 客服除了要了解商品的质量外，还要了解商品的进货渠道和生产渠道，因为货源也是影响顾客选购商品的因素之一。正规的货源渠道不仅能保证商品的质量，还能让顾客感受到网店经营的正规化、流程化，从而可以放心购物。那么，客服应该如何向顾客展示自己的货源渠道呢？最简单的方式便是以图说

012 明。如下为一则客服与顾客就货源问题而产生的对话。

👩 我看你们家的商品都是韩货，是正品吗？

🧑 亲，我们家在韩国有专门的代购人员哟！所有的商品都出自韩国，保证是正品！

👩 那怎么你们家的还比别家的便宜，不是应该更贵一点吗？

🧑 亲，这是因为我们和韩国那边的商家合作了很多年，他们给了我们一些优惠，这才稍微便宜了一点！

👩 哦，原来是这样啊！

🧑 亲，您也可以看下我们的小票哦，都是在韩国亲自选购的，这可做不了假！

## 1.2.2  平台规则

网店在运营过程中，不仅要遵守国家法律法规，还要遵守平台规则。例如，淘宝平台规则、京东平台规则。

● **淘宝平台规则：** 登录淘宝网首页后，单击页面底部"规则与协议"栏中的"淘宝规则"链接，进入淘宝平台规则首页，如图1-12所示，其中包括了规则辞典、规则解读、规则众议院、我的体检中心、违规公示5个板块。

图1-12  淘宝平台规则首页

● **京东平台规则：** 登录京东首页后，将鼠标指针移至导航栏中的"商家服务"链接

上，在打开的下拉列表中选择"规则平台"选项，进入京东平台规则首页，如 **013**
图1-13所示，其中包括了POP规则、自营供应商管理规则、京喜规则、京东国际规
则、全渠道规则、特色业务规则、规则评审团、违规公示等8个板块。

图1-13　京东平台规则首页

下面以淘宝平台规则为例介绍客服需要学习并严格遵守的规则。

### 1. 商品发布要求

商家发布商品时，应当严格遵守《淘宝平台规则总则》中"信息发布"的基本原则，
并遵守以下基本要求。

（1）商家应当对商品做出完整、一致、真实的描述。

● **完整性：** 为保证顾客更全面地了解商品，在购买商品时拥有充分知情权，商家应
在发布商品时完整明示商品的主要信息，包括但不限于商品本身（基本属性、规
格、保质期、瑕疵等）、品牌、外包装、发货情况、交易附带物等。

● **一致性：** 商品的描述信息在商品页面各板块中（如商品标题、主图、属性、详情
描述等）应保证一致。

● **真实性：** 商家应根据所售商品的属性如实描述商品信息，并及时维护更新，以保
证商品信息的真实、正确、有效，并且不得夸大、过度、虚假承诺商品效果及程
度等。

（2）商家应保证其出售的商品在合理期限内可以正常使用，包括商品不存在危及人
身财产安全的不合理因素、具备商品应当具备的使用性能、符合商品或其包装上注明采用
的标准等。

（3）不得发布违反法律法规、协议或规则的商品信息，包括但不限于以下几点。

● 不得使用代表党和国家形象的元素，或利用国家重大活动、重大纪念日和国家机
关及其工作人员的名义等进行销售或宣传。

● 不得发布侵害平台及第三方合法权益（如商标权、著作权、专利权等），或易造
成顾客混淆的商品或信息。

- 不得发布或推送含有易导致交易风险的第三方商品或信息，如发布社交、导购、团购、促销、购物平台等第三方网站或客户端的名称、Logo、二维码、超链接、联系账号等信息。
- 不得重复铺货，即网店中不得同时出售同款商品两件以上。
- 不得通过编辑变更商品类目、品牌、型号等关键属性，使其成为另一款商品。
- 不得发布其他违反《淘宝平台违禁信息管理规则》《淘宝平台交互风险信息管理规则》《淘宝网市场管理与违规处理规范》等规则的商品或信息。

针对该规则，客服在使用阿里旺旺与顾客进行沟通时，一定要准确说明商品的基本属性、成色和瑕疵等内容。例如，客服对顾客描述羊毛衫时，不能用"100%纯羊毛""含羊毛99.9%"等词语代替，以免顾客产生误解，以至于在收到商品后投诉商家违背了商品如实描述的规则。

### 2. 评价规则

为确保评价内容能为顾客购物决策提供可靠的依据，反映商品或服务的真实情况，买卖双方通过淘宝网评价工具发布的评价应当与交易的商品或服务具有关联性，且合法、客观、真实。另外，买卖双方不得利用淘宝网评价工具侵害相关方的合法权益。交易双方发布的评价内容、图片及回复内容不得出现法律法规、平台规则不允许的内容，包括但不限于以下几点。

（1）包含辱骂、泄露信息、污言秽语、广告信息、无实际意义信息、色情低俗内容或其他有违公序良俗内容的评论。

（2）盗用他人图片或未经他人同意使用他人图片并编辑后发布的内容。

（3）其他异常评价内容。

针对该规则，客服在对顾客进行评价时要实事求是，不得使用污言秽语，更不能泄露顾客的隐私。

### 3. 不能不当获取使用信息

不当获取使用信息是指通过租借/共享账号、协助第三方扫描系统等方式获取平台商业信息/他人信息，或未经允许发布、传递、出售平台商业信息/他人信息，从而影响淘宝网的正常运营秩序、效率或致使平台商业信息/他人信息存在泄露风险的行为。淘宝网若排查到涉嫌不当获取使用信息的会员，将视情节严重程度采取公示警告等措施。

针对该规则，客服注意不能有意或无意地获取顾客的个人信息和订单信息。例如，在成交以后与顾客核对订单信息时，务必只能与拍下商品的旺旺号（即淘宝ID、登录名）进行核对。

### 4. 不能违背承诺

违背承诺是指商家未按约定或淘宝网规定向顾客提供承诺的服务，从而侵害顾客权益的行为。违背承诺的商家需向顾客支付该商品实际成交金额的10%作为违约金，且赔付金额最高不超过100元，最低不少于5元；商家未在淘宝网判定投诉成立前主动支付违约金的，除了须向顾客支付违约金外，还须向淘宝网支付同等金额的违约金。

针对该规则，客服通过阿里旺旺与顾客交流时，不要轻许承诺，一旦向顾客做出承诺，就必须严格履行。例如，客服向顾客承诺，如果是在运输过程中造成的商品损坏，网店将承担运费；如果未能履行，则顾客可以以违背承诺为由进行投诉。

### 5. 不能骚扰他人

骚扰他人是指会员对他人实施辱骂、诅咒、威胁等语言攻击或采取恶劣手段对他人实施骚扰等侵害他人合法权益的行为。

针对该规则，客服在处理与顾客之间的纠纷或异议时，一定不要频繁地联系顾客，应该在顾客方便的时间进行联系，以免影响顾客的正常生活与工作。在无法说服顾客时，也不得以骚扰的方式迫使顾客妥协，要做到有礼有节。

**职业素养**

"不以规矩，不能成方圆"出自《孟子·离娄上》，意在告诫人们做人、做事要遵循一定的标准和法则，只有懂规矩、守规矩，才能建设和谐社会，才能形成一种良好的社会风气，社会才会圆满，人们的生活才能更加美好幸福。

除此之外，还有一些规则需要客服熟知。例如，天猫商家支持开具发票、七天退货、正品保障等规则。这些规则都可以在相应平台的规则中心首页进行搜索并查看。例如，在天猫规则中心首页的搜索栏中输入"正品保障"，单击"搜索"按钮，搜索与正品保障规则相关的内容，如图1-14所示。

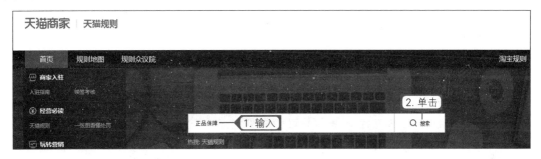

图1-14　搜索与正品保障规则相关的内容

### 1.2.3　交易知识

客服在日常工作中要特别注意网络安全问题，不要随意接收陌生人发送的文件，也不要扫描可疑的二维码，以免计算机中毒。另外，还要注意辨别钓鱼网站的网址链接，在阿里旺旺上通过单击淘宝链接打开的页面不会要求再次输入登录名和密码，如果对方发送的链接需要输入登录名和密码，则可能是不安全链接，需要谨慎处理。

除此之外，还有一些不法分子会故意注册一些"双胞胎"ID（名称相似的ID），诱使客服违反不当获取使用信息的规则。例如，在宋体字的情况下，英文大写字母O与阿拉伯数字0很难区分，客服在与顾客核对交易信息时，最好是在千牛工作台卖家中心的"已卖出的宝贝"模块中通过复制联系人ID进行订单搜索，只有能搜索到的订单才可以与顾客进行信息核对。

### 1.2.4　物流知识

除了上述基本知识外，网店客服还应该了解一些物流知识。

（1）不同物流方式的运作模式。

- **邮寄：** 邮寄分为平邮、快邮和EMS。其中，平邮即普通包裹，这种方式耗费时间较长，一般需要7~15天，但价格比较便宜；快邮即国内快递包裹，这种方式下一般5天左右能到达目的地，价格比平邮稍微贵一些；EMS即国际邮包（包括空运、陆路、水路），这种邮寄方式较快，一般2~3天就能到，但价格也比较高。
- **快递：** 快递分为航空快递和汽车运输快递。
- **货运：** 货运分为汽车运输和铁路运输。

（2）不同物流方式的价格不同，需要考虑如何计价、价格的还价余地等问题。

（3）不同物流方式的特点。

- **铁路运输：** 运量大，速度快，且运费较低，受自然因素影响较小，连续性好；其缺点是短途运输成本较高。
- **公路运输：** 机动灵活，周转速度快，装卸方便，且适应性强；其缺点是运送量小，耗能多，运费高，一般只适用于短程、量小的货物。
- **水路运输：** 运量大，投资少，成本低；其缺点是速度慢，灵活性和连续性差，容易受航道水文状况和气象等自然条件的影响。
- **航空运输：** 速度快，效率高，是较为快捷的现代化运输方式；其缺点是运送量小，耗能大，费用高，一般适用于急需、贵重且数量不大的货物。

（4）不同物流方式的联系方式；如何查询各种物流方式的网点情况；快递公司的联系方式、邮政编码、邮费查询等。

（5）不同物流方式的包裹撤回、地址更改、状态查询、保价、问题件退回，以及索 **017**
赔的处理等。

## 1.2.5　顾客的消费心理

网店客服每天都会接待不同类型的顾客，他们的性别、年龄、性格千差万别，需求自
然也不同，那么，客服怎样才能让顾客购买自家网店的商品呢？客服可以从心理学层面分
析顾客，抓住顾客需求。

在电子商务竞争日益白热化的时代，抓住顾客就是抓住商机。既然顾客是营销的核
心，那么就需要了解一些顾客心理学的相关知识。一般来说，顾客购买商品的心理学层面
的需求可以概括为以下 8 个方面，如图 1-15 所示。

图1-15　顾客的消费心理

### 1. 求实心理

求实心理的顾客以追求商品的实用性为主要购买目的，对商品的面料、质地和工艺比
较挑剔。这类顾客购物讲究实惠，并且会根据自身的需要选择商品，具有理智的消费
行为。

针对此类顾客，客服首先要明确这类顾客的消费心理是非常理性的，他们购买商品时
需要保证商品有 80% ～ 100% 的可买性。这时，客服就应体现自己的专业性，以真诚、专
业、求实、耐心的态度获取顾客的好感，增加商品在顾客心中的可买性数值。

### 2. 求美心理

求美心理的顾客以追求商品的美感为主要购买目的，着重关注商品的款式、色彩及时
尚性等艺术欣赏价值。除了关注商品本身的美感外，这类顾客还注重广告创意的新颖性，
以此满足他们对求美心理的需要。这类顾客的心理年龄普遍较小，对时尚、潮流的理解比
较前沿，且以女性居多。

客服要注意倾听顾客对所需商品的描述，如果顾客常常提到"好看""漂亮""时
尚"等字眼，那么就可以将其归纳为求美心理的顾客。在应对这类顾客时，客服要推荐适
合他们的商品，并尽可能地展现商品的外在优势，给顾客多一点夸奖和肯定。

### 3. 求名心理

求名心理的顾客以表现身份、地位、价值观为主要购买目的，比较注重品牌、价位、
公众知名度等因素。这类顾客的购买能力和品牌意识非常强，且注重面子，顾客在沟通时

**018** 会频繁谈及自己购买名牌商品的经历等。此类顾客中，有的确实具备良好的经济条件，会经常购买名牌商品，但也有一些经济条件并不富裕，但在选购商品时趋向购买名牌商品，这类顾客希望体现自己的品位。

客服在应对此类顾客时，要学会顺势而为，即顺着顾客的意愿去完成自己的工作，促成他们的购买。

### 4. 求速心理

求速心理的顾客以追求快速、方便为主要购买目的，注重购买的时间或效率。此类顾客的时间意识比较强，性格爽快，但性子急，想利用最短的时间、以最简单的方式购买到优质的商品。此类顾客以男性居多，他们不会太在意商品的价格，只要能保证商品的质量和购买速度即可。

此类顾客的购买意识很强，他们视时间如珍宝，如果没有90%的购买欲望，那么他们是不会浪费时间网购的，所以这类顾客的成交率很高。

客服在应对此类顾客时，一定要善于抓住这类顾客的购买心理，这样不仅能保证成交量，还能节约工作时间。

### 5. 求廉心理

顾客在消费过程中都希望用最少的付出换回最大的回报，获得商品更大的使用价值。追求物美价廉是常见的消费心理，具有这类心理的顾客在选购商品时总会选择价格较为低廉的商品，即以获得超值、低价商品为主要购买目的，注重商品的实惠与廉价。

此类顾客经济实力不是很强、购买能力普遍偏低，对价格比较敏感，精打细算，他们一般很难接受正价或高价位的商品，对促销活动的特价商品情有独钟。客服在应对此类顾客时，应适当在心理上对其进行鼓励，热情接待，利用更多的优惠或礼品留住顾客。另外，在推荐特价商品或折扣优惠较大的商品时，再附加赠送一份小礼品（见图1-16的"超值礼包"模块），让顾客满意而归。同时，客服还要强调即使是优惠的商品，其品质与服务也能保持一致。

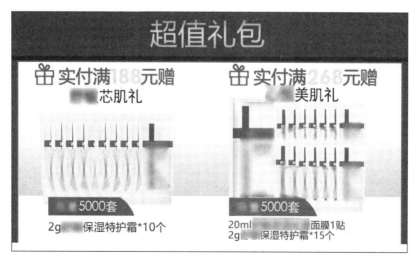

图1-16　"超值礼包"模块

### 6．求同心理

在实体店中出现两三个人同时选购同一商品的现象并不起眼，但若是有10个人购买，便会有20、30……个人甚至更多的人购买该商品。虽然顾客明明知道商品的价格并没有大幅度下降，可还是愿意跟随大众的步伐去购买，这就是顾客购买商品的另一个心理因素——求同心理。

网络平台的开放性让信息的传递更加便利，可以让互不相识、相隔万里的顾客分享自己的购物体验，那么，顾客一般会以什么为标准来衡量自己所购商品是否优质呢？当然是看其他顾客对这个商品的评价，尤其是一些名人的使用评价，如×××推荐，×××同款等，它们对顾客的购买有着重要的影响，如图1-17所示。

图1-17 ×××同款商品

客服在应对此类顾客时，不需要过多地介绍商品，销量和评价便可以让顾客信服，此时，客服的言辞就应巧妙地利用"从众"心理，让顾客在心理上得到依靠和安全感。

### 7．求惯心理

求惯心理是以满足特殊的爱好而形成的购买心理，顾客往往注重自己偏爱的品牌和款式，对即将购买的商品充满了信任感，且在选择商品时会有特定的购物习惯。

客服在应对此类顾客时，应及时调出顾客以往的购买记录，了解顾客以往购买商品的款式、颜色喜好等，为顾客推荐他们所偏爱的商品。与此同时，客服还可以利用顾客的消费积分和会员权益等来促使顾客进行二次购买。

### 8．求安心理

求安心理以追求安全、健康、舒适为主要购买目的，顾客更加注重商品的安全性、舒适性与无副作用性，且这类购物心理的顾客自我呵护与健康意识极强。

客服在应对此类顾客时，要善于利用专业知识向顾客强调商品面料或配件的安全性与环保性，让顾客感受到商品的安全保障。同时，客服还可以主动介绍商品的使用注意事项，普及商品知识等。图1-18所示为播放商品的使用方法和过程。

020

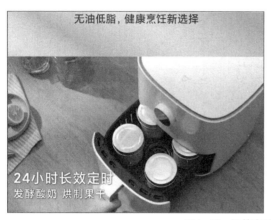 

图1-18  播放商品的使用方法和过程

# 1.3 网店客服应具备的操作技能

网店客服是整个网店运营体系中比较重要的一批人才，也是最能了解顾客心声的一个群体。客服反馈给网店的信息不仅可以推动网店的发展，还能提高网店的销量，为网店带来复购率。那么，网店客服在工作中应具备哪些操作技能呢？下面罗列一些网店客服工作中常用的操作技能，包括 PC 端、移动端千牛工具的使用，图片编辑工具 Photoshop 的使用，以及后台操作等。

## 1.3.1  PC端千牛工具的使用

千牛工作台（简称"千牛"）是网店客服与顾客之间的重要沟通工具，它不仅具有聊天、接单功能，还具有交易管理、商品管理、评价管理等功能。千牛有 PC 端和移动端两个版本，功能基本一致。下面介绍 PC 端千牛的使用方法。

### 1. 下载与安装

随着开设网店的人数增多，网店客服人数也在不断增加，千牛工具的使用也在快速普及。下面详细介绍 PC 端千牛工具的下载和安装方法，其具体操作如下。

**步骤 01**　打开 Microsoft Edge 浏览器，在百度搜索引擎的搜索栏中输入"千牛"，如图 1-19 所示，然后按【Enter】键。

**步骤 02**　在打开的搜索结果网页中单击含有"官方"文字的链接，跳转至千牛工作台首页，然后单击页面上方的"下载千牛"链接，如图 1-20 所示。

**步骤 03**　在打开的下载页面中将鼠标指针移至"Windows"选项上，然后在打开的列表中单击 立即下载 按钮，如图 1-21 所示。

图1-19 搜索"千牛"

图1-20 单击"下载千牛"链接

**步骤 04** 打开"下载"提示框，并显示下载进度。待下载完成后，按【Ctrl+J】组合键，打开"下载"提示框，将鼠标指针移至该提示框中，单击"打开文件"链接，如图1-22所示。

图1-21 下载Windows版千牛

图1-22 单击"打开文件"链接

**步骤 05** 此时，计算机桌面上将自动打开"千牛-卖家工作台"安装向导对话框，然后单击 立即安装 按钮，如图1-23所示。

**步骤 06** 软件将开始自动安装。安装完成后，单击 立即使用 按钮运行千牛工作台，然后在其中输入申请的淘宝网账号和密码，并单击"登录"按钮，如图1-24所示，便可进入千牛工作台并开始工作。

图1-23 安装千牛工作台

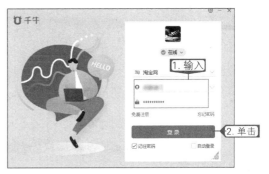

图1-24 登录千牛工作台

## 2. 功能说明

将千牛安装到计算机中，并通过相应的账号和密码登录千牛工作台后，计算机桌面上

**022** 将会自动显示"千牛工具条"，一般该工具条是自动隐藏在屏幕上方的，将鼠标指针移至该缩略图上就会自动显示出来。Windows 版千牛工具条主要由接待中心、消息中心、工作台、搜索 4 个部分组成，如图 1-25 所示。

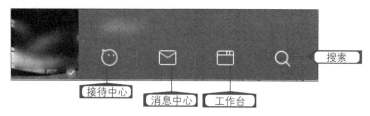

图1-25　Windows版千牛工具条的组成

（1）接待中心。

单击工具条中的"接待中心"按钮🔘，打开图 1-26 所示的聊天界面，客服可通过该界面完成与顾客的沟通工作。接待中心主要由联系人窗格、聊天窗格和信息窗格 3 个部分组成，各组成部分的含义如下。

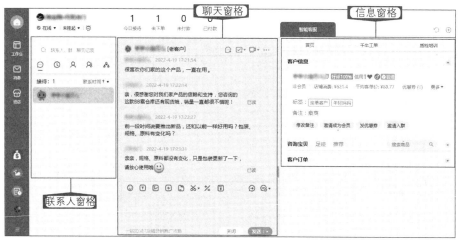

图1-26　接待中心操作界面

- **联系人窗格：** 该窗格上方的按钮从左至右依次为"联系中"按钮💬、"最近联系"按钮🕐、"我的好友"按钮👤、"我的群"按钮👥、"我的团队"按钮🔗，这些按钮方便客服有针对性地找到联系人，并在右侧的"聊天窗格"中与该顾客进行详谈。

- **聊天窗格：** 该窗格显示的是客服与顾客正在进行的聊天记录。窗格右上方的按钮从左至右依次为"转发消息给团队成员"按钮💬、"新建任务"按钮☑、"视频聊天"按钮📹；窗格下方的按钮从左至右依次为"选择表情"按钮☺、"设置字体"按钮Ⓣ、"发送图片"按钮🖼、"发送视频"按钮▶、"发送文件"按钮📁、"屏幕截图"按钮✂、"计算器"按钮%、"发红包"按钮💰、"快捷短语"按钮➡、"查看消息记录"按钮💬。表1-1所示为聊天窗格中常用按钮的功能总结。

表1-1　聊天窗格中常用按钮的功能总结

| 常用按钮 | 主要功能 |
| --- | --- |
| "转发消息给团队成员"按钮 | 当客服需要把顾客转交给团队内其他客服接待时，可单击该按钮，并在打开的提示对话框中选择要转交的客服 |
| "新建任务"按钮 | 单击该按钮可打开"新建任务"对话框，在其中添加与顾客相关的任务后，该任务会在千牛工作台待办事项模块中显示，并且团队中其他子账号"接待中心"界面的聊天窗格上方也会同步显示该任务 |
| "视频聊天"按钮 | 单击该按钮可以与当前聊天的顾客进行语音聊天或视频聊天 |
| "选择表情"按钮 | 单击该按钮可弹出旺旺系统表情，客服与顾客沟通时可以合理使用这些表情，创造和谐轻松的聊天氛围 |
| "设置字体"按钮 | 单击该按钮可打开"系统设置"对话框，在其中单击"接待设置"选项卡，在"显示字体"右侧的下拉列表框中可以对字号和字体颜色进行设置。客服在选择字体颜色时，应尽量避免使用夸张的颜色，以免让顾客反感 |
| "发送图片"按钮 | 单击该按钮可以进行图片传送的操作 |
| "发送视频"按钮 | 单击该按钮可以进行视频传送的操作 |
| "发送文件"按钮 | 单击该按钮可以进行文件传送的操作 |
| "快捷短语"按钮 | 单击该按钮，右侧的"信息窗格"中将显示"快捷短语"列表框，在其中可以进行快捷短语的新增、导入、导出及分组操作。客服在上岗前，需要按网店要求统一设置快捷短语，以减少错误、缩短顾客的等待时间 |
| "查看消息记录"按钮 | 单击该按钮，右侧的"信息窗格"中将显示"消息记录"列表框，其中显示了与聊天对象的聊天消息和聊天文件；也可以单击该列表框右侧的"打开消息管理器"按钮，在打开的"消息管理器"对话框中查看团队内其他客服与顾客的聊天记录 |

- **信息窗格：** 该窗格主要用于显示顾客的基本信息，包括昵称、顾客信用、店铺消费金额、平均客单价等。如果该顾客已有成交订单，那么就可以为该顾客的订单添加备注，向其发送优惠券、邀请入群等。

**经验之谈**

客服在与顾客聊天的过程中，有时为了提高聊天速度和质量，可以利用快捷键来执行相应的操作。如在"接待中心"窗格中，按【Ctrl+G】组合键可以快速打开旺旺系统表情列表；按【Ctrl+R】组合键可以快速打开转交对话框；按【Ctrl+K】组合键可以快速打开"快捷短语"列表框；按【Ctrl+H】组合键可以快速打开"消息记录"列表框。

024 　　（2）消息中心。

　　单击千牛工具条中的"消息中心"按钮✉，打开图1-27所示的"消息中心"页面，其中显示了接收到的各种系统消息，如商品消息、千牛消息、旺旺系统消息及售后服务消息等。

　　（3）工作台。

　　单击工具条中的"工作台"按钮▦，打开图1-28所示的"工作台"页面，该页面显示了店铺的最新数据信息，包括支付金额、访客数、支付子订单数、支付转化率等。另外，通过左侧功能区中的商品、交易、店铺、营销等按钮还可以实现店铺的运营和管理操作。

图1-27　"消息中心"界面

图1-28　"工作台"页面

　　（4）搜索。

　　单击工具条中的"搜索"按钮🔍，打开搜索栏，在其中可以对网址、功能、商品等进行查找与快速打开。通过搜索栏快速打开评价管理页面如图1-29所示。

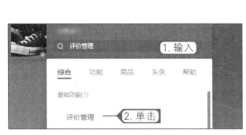

1-29　通过搜索栏快速打开评价管理页面

### 1.3.2　移动端千牛工具的使用

　　移动端千牛工具的功能也很丰富，且使用方便。安装移动端千牛工具后，客服就可以随时随地与顾客进行实时沟通，还可以查看网店状态和处理订单。

扫一扫

下载与安装

### 1. 下载与安装

移动端千牛工具的下载和安装方法与 PC 端的下载和安装方法类似，其具体操作如下。

**步骤 01**　在 Microsoft Edge 浏览器中打开"千牛工作台"首页后，单击页面上方的"下载千牛"链接。

**步骤 02**　进入"下载千牛"页面，将鼠标指针移动到"Android"选项上，然后打开手机中的淘宝 App，扫描屏幕上显示的二维码，如图 1-30 所示。

**步骤 03**　在移动端打开"下载千牛"界面，点击该界面下方的 下载千牛 按钮，如图 1-31 所示。

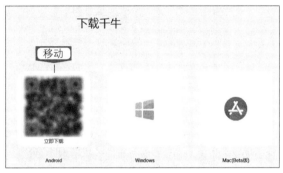

图1-30　用手机扫描二维码

图1-31　下载千牛

**步骤 04**　成功下载并安装移动端千牛后，点击"千牛"App，然后在打开的界面中点击 登录 按钮，如图 1-32 所示。

**步骤 05**　进入"欢迎登录"界面并输入申请的淘宝用户名后，点击选中界面底部的"请先阅读并同意以下服务协议：千牛隐私权政策"复选框，然后点击 确认 按钮，在打开的界面中点击需要的登录方式登录千牛工作台移动端，如图 1-33 所示。

图1-32　点击"登录"按钮

图1-33　点击需要的登录方式

### 2. 功能介绍

移动端千牛与 PC 端千牛的主要功能基本一致，只是移动端界面与 PC 端界面有所不

**026** 同。移动端千牛首页下方的按钮从左至右分别是工作台、消息、营销、头条，如图1-34 所示。

图1-34　移动端千牛首页

● **工作台：** 移动端千牛上有网店数据及常用工具，工具名称和功能与PC端同步。

● **消息：** 移动端千牛的"消息"模块中可以接收各种消息，其功能相当于PC端千牛 的"接待中心"。客服在这里可以随时和顾客进行沟通交流、收发消息、发送商 品链接等操作，还可以处理交易、店铺、营销等信息，如图1-35所示。

图1-35　移动端千牛的"消息"模块

● **营销：** 移动端千牛的"营销"模块显示了淘宝网店的推广方式、商品运营、客户 转化方式等信息，如图1-36所示。

● **头条：** 移动端千牛的"头条"模块中包含了网店及经营类知识问答，如图1-37 所示。

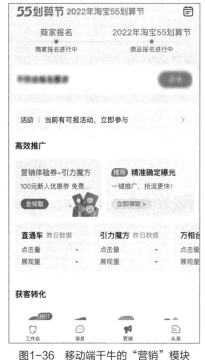

图1-36　移动端千牛的"营销"模块

图1-37　移动端千牛的"头条"模块

## 1.3.3　图片编辑工具Photoshop的使用

在看不到实物的网购平台上，图片就是网店的招牌，好的图片才能激发顾客的购买欲望。原始拍摄的商品图片往往会存在各种瑕疵，如暗淡无光、曝光过度等，此时就需要客服掌握一些图片编辑技巧来对商品图片进行处理。下面介绍利用Photoshop处理图片的方法。

### 1. 裁剪商品图片

在网店中发布商品时，电商平台一般都会要求商家上传指定大小的图片，但商家自己拍摄的照片往往都不符合规定的尺寸要求。此时，网店客服就需要借助Photoshop中的裁剪工具来裁剪图片。下面将使用Photoshop对商品图片进行精确裁剪，其具体操作如下。

扫一扫

裁剪商品图片

**素材所在位置**　素材文件\第1章\商品1.jpg

**效果所在位置**　效果文件\第1章\商品1.jpg

**步骤01**　启动Photoshop，打开素材文件"商品1.jpg"，单击左侧工具箱中的"裁剪工具"按钮 。此时，菜单栏的下方将自动显示工具属性栏，在其中可以按图1-38所示的参数对图像的长、宽、分辨率进行精确设置。

**步骤02**　将鼠标指针移至编辑区，按住鼠标左键不放拖曳图片使其显示在指定尺寸的裁剪区域中，效果如图1-39所示，然后按【Enter】键确认，也可以单击工具属性栏中的

**028** "确认"按钮✅。

**步骤 03** 按【Ctrl+S】组合键保存修改后的图片。

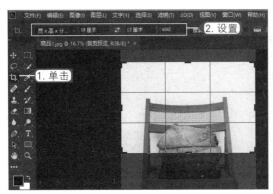

图1-38　精确设置裁剪尺寸

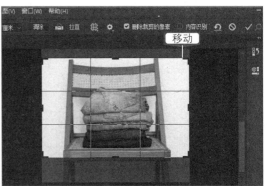

图1-39　按指定尺寸裁剪图片

**经验之谈**

　　使用 Photoshop 处理图片时，可能需要将图片裁剪成不同的形状，如圆形、正方形等，此时就可以通过图层来完成这一操作。例如，将图片裁剪为圆形的方法：在 Photoshop 中打开要裁剪的图片，利用工具箱中的"椭圆选框工具"按钮◯，在图片中的适当位置绘制一个圆形选区，然后按【Ctrl+J】组合键以圆形选区内的图像为内容新建一个图层，接着单击"背景"图层前的◉按钮，"背景"图层将被隐藏，此时可裁剪出图 1-40 所示的圆形图片。

图1-40　将图片裁剪为圆形

### 2. 调整商品图片的亮度/对比度

　　网店拍摄的商品图片可能会因为场景布置、灯光环境等因素的影响而出现曝光不足、颜色暗淡等问题，此时，客服就需要对商品图片的亮度和对比度进行调整，使图片中的光影分布更加合理。在 Photoshop 中可以通过"亮度 / 对比度""色阶""曲线""阴影 / 高光"命令来调整图片的亮度 / 对比度、曝光度、色调及阴影等，下面分别进行介绍。

● **通过"亮度/对比度"命令调整图片：**在Photoshop中可通过"亮度/对比度"命令来

对图片的明暗区域进行快速调整，使图片恢复明亮的色调，但要注意调整时不能太过偏离商品原本的色彩。调整方法：在Photoshop中打开要编辑的图片，选择【图像】/【调整】/【亮度/对比度】命令，打开"亮度/对比度"对话框，设置"亮度"和"对比度"值，为负值时表示减小，反之增加，然后单击【确定】按钮，如图1-41所示。

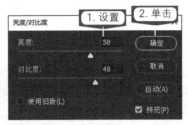

图1-41　通过"亮度/对比度"命令调整图片

● **通过"色阶"命令调整图片：**色阶就是用直方图描述整张图片的明暗信息。利用色阶调整对比度的方法是将左边的黑色滑块■向右移动，确定直方图开始的地方，然后将右边的白色滑块△向左移动，确定直方图结束的地方。调整方法：在Photoshop中打开要裁剪的图片，选择【图像】/【调整】/【色阶】命令或按【Ctrl+L】组合键，打开"色阶"对话框，在"输入色阶"栏中输入不同的数值或拖动滑块来调整对应的颜色，以优化图像黑、白、灰三色阶的显示质感，然后单击【确定】按钮，如图1-42所示。

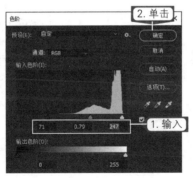

图1-42　通过"色阶"命令调整图片

**经验之谈**

色阶直方图中从左至右依次是黑色滑块■、灰色滑块△和白色滑块△，其中，黑色滑块表示阴影，灰色滑块表示中间调，白色滑块表示高光。像素主要集中在左侧表示照片偏暗；像素主要集中在右侧表示照片偏亮；像素集中在中间表示照片明暗对比不足；像素集中在两边表示照片明暗对比强烈。

030

● **通过"曲线"命令调整图片：** 与色阶相比，曲线可以通过关键控制点精确地调整色调范围。调整方法：在Photoshop软件中打开要裁剪的图片，选择【图像】/【调整】/【曲线】命令或按【Ctrl+M】组合键，打开"曲线"对话框，通过拖曳RGB通道的曲线快速完成调整，调整过程中还可以单击曲线添加控制点，拖曳控制点便可控制曲线的弧度。使用"曲线"对话框调整图片时，曲线的形状直接影响调整后的效果，常见的曲线形状有曲线向上（提高照片的整体亮度）、S形曲线（提高照片的对比度），如图1-43所示。

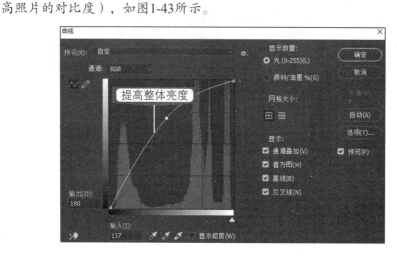

图1-43　通过"曲线"命令调整图片

● **通过"阴影/高光"命令调整图片：** 通过"阴影/高光"命令调整图片不仅可以使图片产生变亮或变暗的效果，还能通过增亮或变暗图片中的阴影或高光的像素色调来修复图片中过亮或过暗的区域，使画面的光影表现更加突出。调整方法：在Photoshop中打开要编辑的图片，选择【图像】/【调整】/【阴影/高光】命令，打开"阴影/高光"对话框，单击选中对话框左下角的"显示更多选项"复选框，在展开的对话框中设置对应的参数，完成后单击 确定 按钮查看调整后的图片效果，如图1-44所示。

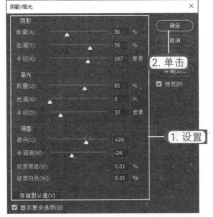

图1-44　通过"阴影/高光"命令调整图片

## 1.3.4　后台操作

后台就是千牛工作台，商家所有关于网店经营的操作（如物流管理、商品管理、网店管理等）都可以通过后台完成。但后台操作内容较多，客服只需掌握常用的几项操作即可，如查询订单、订单改价、备注顾客信息及修改顾客信息等。

### 1. 查询订单

查询订单是客服日常工作中一项常用的操作，查询订单的方法较为简单，客服可通过商品名称、顾客昵称、订单编号、订单状态等条件进行查询。下面通过订单状态进行查询，其具体操作如下。

**步骤01**　打开千牛工作台登录页面，在其中输入账号和密码后，单击 `登录` 按钮，进入千牛工作台首页，如图 1-45 所示。

图1-45　千牛工作台首页

**步骤02**　单击左侧列表中的"交易"按钮 ▤，打开"已卖出的宝贝"页面，在"订单状态"下拉列表框中选择"等待买家付款"选项，然后单击 `搜索订单` 按钮，如图 1-46 所示。稍后便可在"等待买家付款"选项卡中看到搜索结果。

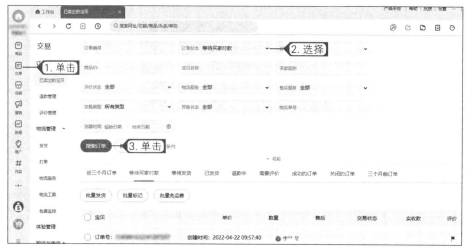

图1-46　通过订单状态搜索订单

### 2. 订单改价

订单改价只针对交易状态为"等待买家付款"的订单，如果顾客的订单处于已付款的状态，则客服无法修改交易价格。下面修改某笔订单的价格，其具体操作如下。

**步骤01**　在千牛工作台首页的左侧列表中单击"交易"按钮囯，在打开的"已卖出的宝贝"页面中找到需要修改价格的订单，然后单击该订单中的"修改价格"链接，如图1-47所示。

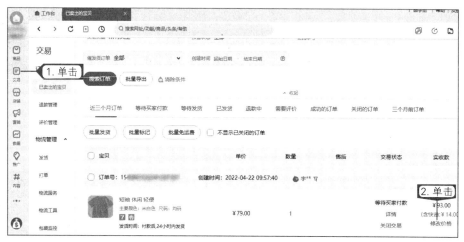

图1-47　单击"修改价格"链接

**步骤02**　修改价格可以通过直接输入折扣和增加或减少金额进行设置，邮费可以通过直接输入邮费价格或单击"免运费"按钮进行设置，这里在打开的页面中将折扣设置为"9"，邮费设置为"10.00"，然后单击 确定 按钮，如图1-48所示。

**步骤03**　返回"已卖出的宝贝"页面后，将自动显示该订单修改后的价格，如图1-49所示。

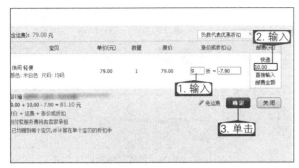

图1-48　修改订单价格

图1-49　查看修改后的价格

### 3. 备注顾客信息

在交易过程中，如果客服与顾客有特殊约定，如赠送小礼物、写祝福卡片等，则可以为订单添加备注。备注顾客信息的方法：在"已卖出的宝贝"页面中单击订单右侧的██图标，如图1-50所示，在打开的"编辑标记"页面中选择标记颜色（如果特别紧急，可以选择红色旗帜），然后输入标记信息，添加完毕后单击 <u>确定</u> 按钮进行保存，如图1-51所示。

图1-50　单击旗帜图标

图1-51　设置标记内容

### 4. 修改顾客信息

顾客拍下商品并完成付款后，可能会遇到一些特殊情况，如需要修改订单属性或临时修改收货人、收货地址等，此时就需要客服通过后台进行修改，其具体操作如下。

**步骤01**　进入千牛工作台首页后，打开"已卖出的宝贝"页面，在其中找到需要修改的订单（该订单为买家已付款的订单），然后单击该订单对应的"详情"链接，如图1-52所示。

**步骤02**　打开"查看详情"页面，其中显示了当前订单的状态信息，然后单击（修改收货地址）按钮，如图1-53所示。

**步骤03**　在打开的"修改收货地址"页面中对顾客的收货人、收货电话、收货地址等进行重新设置然后单击（确认修改）按钮完成修改，如图1-54所示。

**步骤04**　返回"已卖出的宝贝"页面，在页面底部的"订单信息"选项卡中单击"修改订单属性"链接，如图1-55所示。

图1-52　单击"详情"链接

图1-53　单击"修改收货地址"按钮

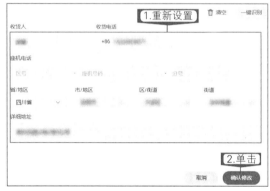

图1-54　修改收货地址

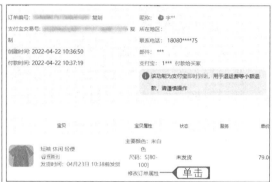

图1-55　单击"修改订单属性"链接

**步骤 05**　打开"卖家修改订单属性"页面，在其中可对商品的尺码进行修改，这里选择尺码为"M"，然后单击 确定 按钮，如图 1-56 所示。

**步骤 06**　成功修改完订单属性后，返回"订单信息"页面，此时的"宝贝属性"栏中显示的便是修改后的商品属性，如图 1-57 所示。

图1-56　修改商品的尺码

图1-57　查看修改后的商品属性

# 1.4　网店客服应具备的基本素质

　　一名合格的网店客服除了要具备熟练的业务知识外，还应该具备一些基本的职业素养，如丰富的语言表达能力、良好的心理素质、良好的心态、快速的应变能力等。

## 1.4.1 丰富的语言表达能力

客服要能够完整地表达自己的意思，以便在与顾客交流的过程中解答顾客疑问、推销自己的商品。语言表达是个人思想的外在体现，也是个人情感的流露，每个人都可以通过后天的锻炼来提高自己的语言表达能力。一般来说，提高语言表达能力的方法有以下4种。

- **拥有自信：**语言表达一定要自信，只有敢于将自己的想法讲出来，才能消除胆怯。
- **大声朗读：**朗读是锻炼语言表达能力的有效方法之一。朗读时可以调整自己的语调、语气，改善吐字不清的问题。
- **借鉴他人经验：**俗话说"三人行必有我师"。多与周围语言表达能力强的朋友、同事交流，可以激发自己的语言表达能力，同时还能吸取他们好的语言表达方式。
- **加强阅读：**阅读是丰富表达能力的一种方法，网店客服可以在阅读的过程中多加总结，提高自己的语言整合能力。如遇到实用的句子时，可以将其累积起来，并在适当的场合使用。

下面是一些网店客服常用的基本话术。

- 当有顾客进入网店询问时，客服回复的第一句话可以是"（微笑图片）😊您好！××欢迎您，很高兴为您效劳！"
- 当顾客遇到问题时，可以说"亲，请不要着急！我们马上帮您处理！"
- 当顾客要求改价时，可以说"请稍等……我马上帮您修改！"
- 当价格改好通知顾客付款时，可以说"亲，让您久等了，价格已经改好了，付款后我们会尽快安排发货的！"
- 当顾客完成付款时，可以说"（合作愉快图片）🤝！下次再来哦，亲😆！"

## 1.4.2 良好的心理素质

客服工作是不断与顾客接触和沟通的过程，这个过程中可能会遇到各种各样的人或问题，这就要求客服拥有良好的心理素质。良好的心理素质既能够帮助客服始终保持高度的工作热情与自豪感，又能够帮助客服通过积极的方式来化解矛盾、解决疑难问题，最终成为一名优秀的网店客服。

良好的心理素质不仅是指客服的心理素质，还要求客服具有洞察顾客心理的能力，随时抓住顾客的心。总体来说，客服可以通过以下4个方面来提高自己的心理素质。

- **遇事处变不惊：**当遇到突发事件或与顾客意见不和，发生冲突时，一定要保持冷静，客观有效地控制事件的发展，不要给顾客留下不好的印象。
- **增加抗挫折、抗打击能力：**任何人都会遇到一定的问题，客服也不例外。当遇到挫折和失败时，不要灰心，保持积极进取、永不言败的良好心态，以加强自身的抗压能力。

036

- **善于掌握自我情绪：**沟通是双向的，如果客服在与顾客沟通的过程中言辞激烈、出言不讳，不仅会使自己处于劣势，还会给网店形象抹黑。当遇到顾客的抱怨或责骂时，客服要掌控和调节自己的情绪，以理性和客观的态度来应对。
- **善于反思：**遇到问题时，客服首先应该反思自己有什么做得不周到的地方，诚恳地向顾客检讨自己的不足之处，不要指责顾客。如某些内容在商品详情页中进行了详细说明，但顾客没有看到，此时客服千万不要指责顾客不好好看商品说明，而是应该反省自己没有及时提醒顾客，要多站在顾客的角度去思考问题。

### 1.4.3　良好的心态

客服每天都会面对形形色色的顾客，也会遇到很多意想不到的事情，有开心的，也有不开心的，这些都是客服工作中不可避免的，但无论遇到怎样的人或事，客服都必须竭尽全力得到顾客的肯定。因此，作为一名合格的客服，强大的内心和良好的心态是必不可少的。

**1．关心**

客服要有一颗温暖他人的心。无论商品的外观、价格多么有吸引力，无论商品的详情页做得有多细致，当顾客在网上购买商品时，还是会通过聊天工具与客服进行直接沟通，向客服咨询自己的疑问和困惑。

客服在面对顾客的疑问和困惑时，首先要除去自私、自我、自大的心态，然后主动关心顾客的难处和需求，积极解决他们的难题，要像朋友一样地关心和呵护顾客，让顾客能够跨越距离地感受这份温暖和关怀。

**2．主动**

顾客在交易过程中遇到的任何问题，客服都有责任去主动解决。同时，客服还应对顾客的购物流程进行跟踪，顾客有任何疑问，客服都应及时、主动地与顾客进行沟通，增强与顾客之间的信息互动。

- **主动支援：**若顾客在选购商品时出现疑惑，如材质不清楚时，客服要主动支援，解答顾客存在的疑问，促使交易继续进行。
- **主动反馈：**客服要在第一时间向顾客反馈信息，如当客服无法立刻回答顾客咨询的一些问题时，要在弄清楚答案后第一时间回复顾客。

**3．目的性**

客服在与顾客沟通时，首先要分清楚事情的轻重缓急，优先解决顾客的疑问后再进行推荐销售，不要一开始就为顾客推荐商品而不管顾客的疑问或喜好，否则会适得其反。其次，客服要注意聊天的时间，与顾客的每一次谈话都是有目的性的工作行为。对于毫无购买兴趣的顾客，客服可以在空闲时与其进行沟通，挖掘这类顾客的潜在购买需求，但忙时则不可花费太多时间在他们身上，而应该寻找那些更有可能转化的顾客。最后，客服一定要适时确认顾客是否明确知道自己表述的意思，注意使用正确的讲话方式，要善于增强和顾客之间的信息互动，不能只顾自己解说，而忽略了顾客的意见。总之，客服工作是具有目的性的工作。

## 1.4.4 快速的应变能力

应变能力是网店客服必须具备的能力，这是考验一名网店客服综合素质是否过硬的必要条件。开放的网络环境可能会助长部分网民肆无忌惮发言的不良习惯，当面对一些无理的要求或辱骂时，客服除了要保持冷静、客观的心态外，还需要灵活应对、快速应变。图1-58所示为客服在应对顾客提问时的理智回答和不理智回答。

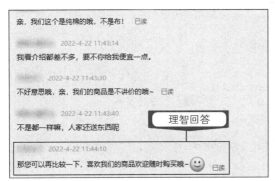 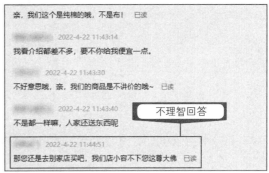

图1-58 客服应对顾客提问的不同处理方式

客服可以通过不断与顾客打交道累积经验来提高应变能力。在这个过程中，客服要注意保持冷静，不能急于求成，要摸清对方的意图，然后寻找机会"应变"，打乱对方的节奏才能"反败为胜"。

### 职业素养

职责心是对自己行为后果负责的一种敬业精神，它是一个人理应具备的基本职业素养，也是社会安定的保障。奋斗在一线的客服人员一定要具有职责心，并能认识到自己的工作在网店运营过程中的重要性，把实现网店目标当作自己的目标，同时还要尽职尽责，做好本职工作，不能做只会应答的机器人。

## 1.5 本章实训

（1）假设你是一名刚上任的网店客服，现在店长分配了一个账号给你，要求通过PC端登录千牛后台，为订单添加标记信息"周日送货"，具体要求如下。

● 在网上搜索并下载"PC端千牛"软件，然后通过店长分配的账号和密码登录千牛工作台。

**038**

● 进入千牛工作台首页，单击"交易"按钮▤，在打开的"已卖出的宝贝"页面中通过买家昵称搜索要修改的订单，然后单击订单右侧的▀图标，在打开的"编辑标记"页面中选择标记颜色，并输入标记信息"周日送货"，添加完毕后单击 ▀确定▀ 按钮进行保存，如图1-59所示。

图1-59　为订单添加标记信息

（2）图1-60所示为顾客与客服的对话场景，分析顾客的购物心理，并分析客服的回答是否合适。

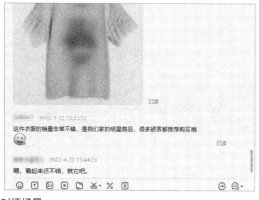

图1-60　对话场景

# 2

# 与顾客
# 有效沟通

　　沟通是了解和满足顾客需求的重要途径，网店客服只有通过认真且有效的沟通，才能明白顾客需要什么样的帮助和服务，从而对症下药，解决顾客的各种疑问。另外，认真沟通还是尊重顾客的一种表现，有利于营造良好的沟通氛围。因此，作为一名优秀的网店客服，掌握与顾客的沟通技巧是必不可少的。

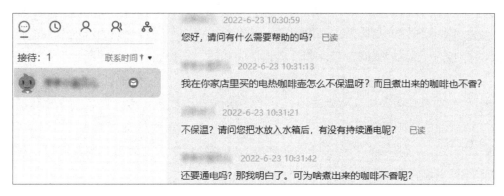

　　● 与顾客沟通的目的
　　● 与顾客沟通的原则
　　● 处理顾客咨询的流程
　　● 打消顾客疑虑

**知识要点**

　　一个能够善用沟通技巧的人，无论是提出意见、表达观点，或是与人商量事情，都能在无形之中加强与他人的互动，增进与他人的关系。作为一名网店客服，要想与顾客进行有效沟通，其秘诀就是要设身处地为顾客着想，时刻注意自己的言行，处处给顾客创造方便，并了解顾客的态度和观点，这也是职业道德的基本要求。

● 生活中要懂得约束自己，懂得为他人着想，尽量不给他人增添烦恼。
● 替他人着想是网店客服的基本职业道德要求。

**视野拓展**

040

# 2.1 与顾客沟通的目的

客服在与顾客沟通时应尽量鼓励顾客多说话，自己则变为一名忠实的倾听者，这样可以让顾客感受到被尊重，有利于取得顾客的信任。同时，客服只有认真倾听，才能明白顾客的真正需求。

## 2.1.1 挖掘顾客的购物需求

挖掘顾客的购物需求就是有目的地与顾客聊天，或是有目的地关怀顾客，在与顾客聊天或关怀顾客的过程中真正了解顾客的想法和需求，从而排除销售过程中的障碍。挖掘顾客购物需求的方法有很多种，常见的方法有提问、聆听、观察和判断4种。

### 1. 提问

网店客服为顾客提供服务的第一步就是准确了解顾客的需求，而了解顾客需求最直接、最简单的方式就是提问。通过提问，客服可以准确了解顾客的真实需求，并挖掘顾客自己无法用语言描述的具体需求。提问的方式有很多，在与顾客交谈的过程中，客服可以有针对性地选择不同的提问方式，如开放式提问和封闭式提问。图2-1所示为开放式提问和封闭式提问。

- 开放式提问是围绕谈话的主题，让顾客根据自己的喜好畅所欲言，尽量让顾客在轻松愉悦的环境下进行交流，以便了解更多、更有效的信息。

- 封闭式提问是在某个范围内提出问题，让顾客按照指定的思路回答问题，使答案具有一定的局限性和唯一性，而不至于跑题。

图2-1 开放式提问和封闭式提问

**经验之谈**

封闭式提问常使用"是"或"不是"，"有"或"没有"，"对"或"不对"等简单词语来进行提问，如"您是不是喜欢蓝色？""有没有您喜欢的款式？"等，它用于缩小讨论范围，以获得特定的信息，或使交谈集中于某个特定的问题，但难以得到提问以外的更多信息。

### 2. 聆听

与顾客沟通是一个双向的过程，客服需要通过陈述向顾客传递信息，达到说服顾客的目的，同时还需要通过聆听来接收顾客的信息，如倾听顾客遇到的问题。因此，客服需要认真聆听顾客的谈话，尽量站在顾客的角度理解和回应对方所说的内容，使顾客产生被关注、被尊重的感觉，这样顾客才会更加积极地投入到沟通之中。图2-2所示的对话场景为客服认真聆听顾客的需求。

除此之外，能听懂顾客的言外之意也是很重要的。因为在与顾客沟通的过程中，有些顾客并不"直言不讳"，而是通过旁敲侧击的方式表达自己的需求；还有一些顾客的需求是隐性的，可能连他自己都不是很清楚，这时就需要客服认真聆听、深入挖掘，准确地理解顾客的弦外之音，这样才能采取有效措施，促成交易。

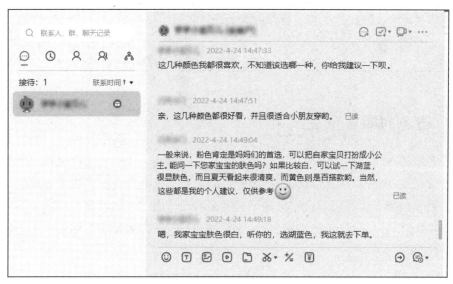

图2-2 客服认真聆听顾客的需求

### 3. 观察

观察是指观察顾客与其他客服的聊天记录，然后通过后台查看顾客是否已经在本店下单及顾客的购物记录等信息。

### 4. 判断

判断是指通过顾客的信用和注册时间的长短来分析顾客的类型。一般来说，可以分为以下4种情况。

- **顾客信用低，注册时间短：** 这类顾客一般是新顾客，对平台的操作还不熟悉，价格因素影响低。
- **顾客信用低，注册时间久：** 这类顾客一般缺乏安全感，对价格比较敏感。
- **顾客信用高，注册时间久：** 这类顾客一般是成熟顾客，熟悉规则、会货比三家，相对较理性。
- **顾客信用高，注册时间短：** 这类顾客一般是冲动购物型顾客。

## 2.1.2 与顾客建立信任关系

倾听可以让顾客在满足表达欲望的同时，敞开自己的心扉，实现心与心的沟通，从而建立起对客服的信任感。信任是客服说服顾客的关键因素之一，只要取得了顾客的信任，说服工作就会事半功倍；反之，说服就是无效的。因此，客服需要保持一个倾听者的姿态，随着沟通的不断深入逐渐取得顾客的信任，并最终促成交易。

需要注意的是，客服在倾听的同时要主动给顾客一定的赞美，鼓励顾客继续说下去。随着沟通的深入，顾客会逐渐和客服建立良好的信任关系。

### 职业素养

信任是一个人价值的体现，更是一种力量。所以，网店客服一定要把"一诺千金"作为行动准则，在与顾客沟通时信守承诺，这样才能取得顾客的信任，并促成交易。

## 2.1.3 避免向顾客重复询单

对于客服的发问，顾客或多或少会有一些抵触的情绪，他们容易产生被"审问"的感觉。倘若客服在沟通过程中认真倾听顾客的提问，那么就会发现很多需要了解的信息其实已经在与顾客的聊天中无意间透露出来了。客服若想走出"审问顾客"的困境，就必须学会倾听。在顾客自发讲述事情经过时，客服要仔细倾听，因为顾客的话语中可能包含很多有价值的信息。

## 2.2 与顾客沟通的原则

与顾客沟通是一个富有技巧的过程。每一位顾客的个性、素质、修养都有差别，当遇到难以应对的顾客时，客服唯有做好自己，热情有度、不卑不亢，不断积累经验，总结教训，练就良好的心理素质和沟通技巧，才能在与顾客沟通中做到游刃有余。

### 学思融合

**课堂活动：**桌面上有3个一模一样的金人和3根稻草，首先将第一根稻草插入第一个金人的耳朵里，稻草从另一边耳朵掉出来了；然后将第二根稻草插入第二个金人的嘴巴里，稻草直接从嘴巴里掉出来了；最后将第三根稻草插入第三个金人的肚子里，什么响动也没有。通过这个有趣的实验，请大家思考，哪一个金人最有价值？

**活动分析：** 通过这个小实验不难看出，最有价值的人不一定是最能说的人。我们生来就有两只耳朵和一个嘴巴，本意就是让我们多听少说。善于倾听是一种智慧，更是一个人最基本的素养。因此，网店客服，一定要学会倾听顾客的声音。只有倾听顾客的声音，才可以有效地了解顾客的喜好、需求、愿望及不满，才能在与顾客沟通的过程中做到有的放矢，最终更好地为顾客提供优质的服务。

## 2.2.1 换位思考

换位思考是交易过程中一个非常重要的沟通技能，只有站在顾客的立场上，从顾客的角度出发，客服的倾听才会更加有效、更加到位。客服在倾听时要抛弃自己的主观成见，换位思考，设身处地地为顾客着想。图2-3所示的对话场景为客服通过换位思考解决顾客问题。

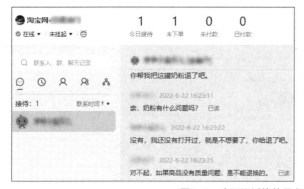
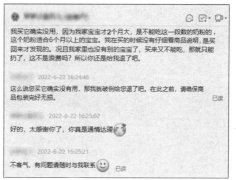

图2-3 客服通过换位思考解决顾客问题

换位思考，假设自己是顾客，客服便能更好地理解顾客所遇到的问题，并为顾客提供更好的解决方案。此外，换位思考还可以消除顾客的防备心理，使沟通更加有效。

## 2.2.2 正确迅速地回应顾客

沟通是双向的，客服也要适时地表达自己的观点。客服适当地给予顾客一些积极的回应，不仅可以让顾客感到被尊重，而且还有利于客服跟上顾客的思维节奏。客服只有积极回应，顾客才能更有效地表达，客服也能够获得更多、更有效的信息，从而为顾客提供更优质的服务。

客服在回应顾客时，尽量不要一直用"是的""对"等词汇机械地回复，而要灵活掌控沟通进度，鼓励顾客在轻松、友好的氛围中把所想到的内容全都表达出来，并对顾客的表述进行适当回应，如"我赞同您的说法"等。

### 2.2.3　善于倾听

真正的倾听，除了要了解顾客言语所表达的意思外，还要琢磨顾客的言外之意。例如，某位顾客在咨询问题时，客服立即给出了相应的解决方案，但顾客冷冷地说："那好吧，我考虑一下。"这样的表述说明这位顾客对该客服感到很失望。

如果客服在工作中听出了顾客语气中不友好的态度，应马上安抚，并表示歉意，然后再询问发生事情的缘由，而不是老老实实地正面回答顾客的问题。学会倾听顾客的弦外之音，才能找到成交的关键点。当客服注意到顾客有难言之隐时，应委婉试探；当客服发现顾客有怨气时，应询问是什么事情让顾客感到不满，等排解了顾客的怨气后，再试图解决问题。客服只有善于倾听，在沟通中了解顾客的真实想法后，才能把服务做好。

### 2.2.4　为顾客着想

当今社会正处于一个快节奏、高效率的阶段，客服在为顾客提供服务时，首先要考虑如何节省顾客的时间，为顾客提供方便、快捷的服务。只有设身处地地为顾客着想，才能让顾客感到满意。图 2-4 所示为客服为顾客着想的案例。

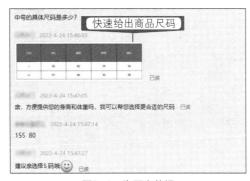

图2-4　为顾客着想

事实上，许多客服并不了解顾客的真实需要和期望，所以沟通的结果往往不太理想。例如，非自己失误，顾客收到了不合适或者不满意的商品，此时客服需要为顾客着想，因为买到不喜欢的商品，谁都不会高兴。若此时客服一口回绝或说话理直气壮，就很可能导致顾客退款，给予差评，甚至投诉。此时，客服应该引导顾客说出问题并给予其合理的建议，相信顾客也能心平气和地接受并解决问题。

### 2.2.5　尊重顾客

顾客对于网上购物活动的参与程度和积极性在很大程度上依赖其受到的尊重程度。只有出于对顾客的信任和尊重，真诚地视顾客为朋友，给予顾客可靠的关怀和贴心的帮助，才是客服面对顾客的正确心态。

客服始终要坚持顾客至上的原则，以百分之百的细心、耐心、诚心做好每一笔交易，让每位顾客都有宾至如归的感觉，开心愉快地进行购物，这样创造回头客的概率才会增加，同时也会带来更多的效益。图2-5所示为客服尊重顾客的对话场景。

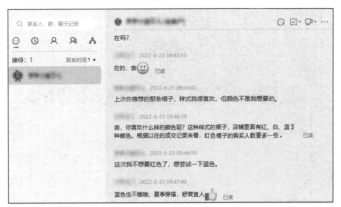

图2-5 尊重顾客

## 2.2.6 与顾客保持理性沟通

网店和实体店一样，也会遇到形形色色的顾客。有的顾客过于挑剔，问几天也问不完；有的顾客言语间对客服不太尊重，连问话都是质问式的，这些情况都有可能在沟通过程中让客服的情绪爆发。如果顾客的行为真的很让人生气，客服也务必保持理性与冷静，不要在有情绪时做出任何决定，因为带有情绪的沟通只有争执，不会有好的结果。唯有靠理性说服对方，才是解决问题的方法，也只有彼此理性地进行沟通，才能得到双赢的结果。

# 2.3 处理顾客咨询的流程

客服在日常工作中处理最多的事情就是顾客咨询，因此，客服不仅要用专业知识为顾客答疑解惑，还要遵守平台规则和善用沟通技巧，为顾客提供高效的服务。

## 2.3.1 记录问题

在与顾客沟通的过程中，当客服遇到一些不能马上做出解答的问题时，应通过千牛工作台中的备注功能立即将该问题记录下来，待研究之后再回复顾客。另外，客服记录下来的问题还可以丰富客服系统中的快捷回复用语，为以后应对类似问题奠定基础。

客服养成良好的记录习惯是很有必要的，因为客服不可能做到过目不忘，如果因为忘了而再次求证，肯定会引起顾客的不满。所以，及时记录顾客的问题，才能够有效地避免遗漏。

**046**

**经验之谈**

    在"接待中心"的聊天窗格中单击"快捷短语"按钮 ➡，在打开的"快捷短语"窗格中单击 [新增] 按钮，打开"新增快捷短语"对话框，在其中输入短语内容，并设置好快捷编码，如图2-6所示，然后单击 [保存] 按钮。下次与顾客聊天时直接输入快捷编码便可发送编辑好的快捷短语。

图2-6　设置快捷短语

## 2.3.2　分析问题

    顾客可能会提出各种各样的问题，因此客服必须具备一定的问题分析能力。客服只有准确地把握问题的实质，才能给出顾客想要的答案。图2-7所示为分析顾客提出的问题。

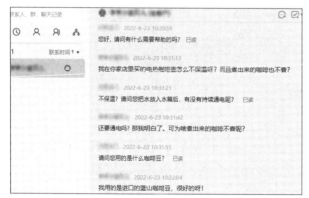

图2-7　分析顾客提出的问题

    分析问题时需要准确理解顾客的语意。顾客可能会表达不清，或所说的并非问题的实质，此时客服一定要仔细分辨，对症下药，这样才能提高顾客的满意度。

## 2.3.3　回答问题

    对于顾客咨询的问题，客服应该及时解答，并且回答时不能含糊其词，应立即告诉顾客其所需信息。图2-8所示为顾客咨询商品退换货的问题，客服立即回答，并达到了顾客的预期。对于能够当场回答的问题，客服应热情、高效地为顾客解答，同时，客服在回答问题时要注意自己的表达方式，尽可能地说清楚，让顾客看明白。

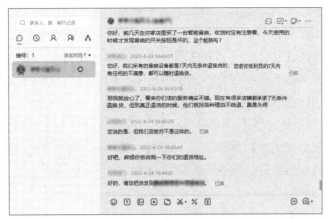

图2-8 回答顾客提出的问题

### 2.3.4 等待解答

有时客服不能对顾客咨询的问题马上作答，有的甚至需要调查之后才能给出答案，那么客服应该请顾客耐心等待，并在承诺的时间内为顾客解答疑问。

- 如果顾客咨询的是一个在未来的某个时间点才能答复的问题，那么客服一定不要忘记顾客的嘱托，要按时提供顾客想要的答案。
- 如果顾客咨询的问题发生在过去，但是要想得出具体的结论，那么就需要客服花时间查询，这时需要客服在承诺的期限内给予顾客回复。

### 2.3.5 配合处理

在某些情况下，有的客服无法答复顾客咨询的问题，或者无法为顾客提供满意的答复，可能需要同事或上级的帮助，此时，客服就应积极向同事或上级求助，共同完成工作。当客服遇到个人无法处理的问题时，应主动寻求同事的帮助。如果遇到执意要与比自己级别高的人员进行沟通的顾客时，客服应耐心劝说并引导顾客，让他相信自己，如果实在无能为力，则可寻求上级的帮助。

### 2.3.6 顾客满意

客服工作以顾客满意为标准，咨询处理也不例外。客服在服务即将结束时可以询问一下顾客的感受，不要自说自话，一定要确保顾客明白了自己所讲的内容，保证顾客得到了他想要的信息。

048

### 2.3.7 整理记录

客服在处理顾客咨询时，最后一项工作就是整理记录。对于顾客提出的一些比较新颖的问题，无论能否给予完善的解答，都应该整理记录，以便下次遇到类似问题时可以及时回复。有时，顾客可能还会咨询一些在客服看来比较奇怪的问题，但这些问题可能对顾客而言非常重要，如果客服不能回答将会面临顾客流失的风险。此时，客服也应该将这些问题整理并记录下来，以寻求恰当的答案。

无论准备得多么充分，客服在与顾客交流的过程中，还是会遇到一些意料之外的问题，此时，客服也应该把这些问题整理记录下来，并研究其恰当的回复话术，也可以与同事共同讨论，为以后应对类似问题奠定基础。

## 2.4 打消顾客疑虑

顾客在网购过程中经常会心存各种疑虑，如是不是正品、一样的商品但价格不相同等。此时，客服应该主动发现顾客的疑虑，并打消顾客的疑虑。在交易过程中，打消顾客的疑虑是非常重要的，只有顾客对商品或者服务完全信任后，才有下单的可能。下面介绍打消顾客对价格、质量、包装及物流疑虑的方法。

### 2.4.1 打消顾客对价格的疑虑

顾客讨价还价是每个客服都会遇到的问题，也是询单流失的一部分原因。针对顾客议价，客服首先要分析顾客类型，然后总结出解决问题的话术。针对不同类型的顾客，客服有不同的回复方式。表 2-1 所示为解决顾客议价问题的总结表。

表2-1　解决顾客议价问题的总结表

| 顾客类型 | 顾客提出的问题 | 客服回复话术参考 |
| --- | --- | --- |
| 允诺型 | 太贵了，第一次买，便宜点，以后还会带朋友来买 | 非常感谢亲对小店的惠顾，不过，初次交易都是这个价格哟。当然，交易成功后您就是我们店铺的老顾客了，以后无论您是再次购买还是介绍朋友来购买，我们都会根据不同金额给予优惠的 |
| 对比型 | ××家的东西都比你这个便宜，你便宜点吧 | 亲，同样的东西也是有区别的哦，都是汽车，有的只需几万元，有的则需要百万元呢！就算是同档次的东西，价格也会因为品牌、进货渠道等因素而有区别。我不否认您说的价格，但那个价格我们这个品牌确实做不出来，我也不介意您再多比较比较，如果您能选择我，我也会在力所能及的范围内给予您优惠的 |

| 顾客类型 | 顾客提出的问题 | 客服回复话术参考 |
|---|---|---|
| 武断型 | 其他的什么都好，就是价格太贵 | 亲，我们都知道好货不便宜、便宜没好货的道理，其实我们可以换一个角度来看，最好的商品往往也是最便宜的，因为您第一次就把东西买对了，以后就不用花冤枉钱了，而且商品用得时间越久，带给您的价值也就越高，您说是吗 |
| 威逼利诱型 | 就按我说的价格吧，行我现在就拍，不行我就去别家了 | 看来我们合作的可能是比较小的了，还请多多见谅。如果您一定要走，真是非常遗憾，不过我们还是会随时欢迎您的再次光临 |
| 博取同情型 | 我还是学生（刚参加工作），可以便宜点吗 | 现在淘宝的生意也难做呀，竞争也激烈，我们这个月的销售还没完成任务呢！其实大家都不容易，何苦彼此为难呢，您再讲价的话，这个月我们就要以泪洗面了，请您也理解一下我们的苦衷吧，谢谢您 |
| 借口型 | 哎呀，我支付宝里的钱不够呀，刚好就只有这么多（正好是他讲价时愿意出的金额） | 真是巧呀，亲，您看这样行不行？反正您差得也不多，那要不就按您支付宝里的余额来付款吧，我们也不想让您太麻烦，少赚一点却能让您尽快使用到我们的商品也是我们很乐意看到的事情 |
| 考虑型 | 我再看看其他的，再考虑一下 | 亲，网购之前考虑清楚是非常有必要的，这样可以避免很多不必要的麻烦，那么我可不可以了解一下您需要考虑些什么呢 |

## 2.4.2　打消顾客对质量的疑虑

不管客服把商品说得有多好，质量始终是顾客最为关心的问题。客服在打消顾客对质量的疑虑时，可以从生产流程、监督流程、查货流程及售后服务等方面强调，但是要把控好分寸，9分好1分坏，注意适可而止。如果店家提供了"支持7天无理由退换货"服务，那么客服在回复时也可以从这一服务点入手，参考话术如下。

> 亲，我们家的商品都是自家生产的，生产流程严格监督，出现问题的商品是不允许出售的，您大可放心购买哦！如果还是出现了质量问题，我们也支持7天内无理由退换货哦！

> 亲，您放心，我们的衣服在发货之前都会做严格的检查，保证质量无碍，您也可以查看顾客的评价。如果还是出现了质量问题，我们也支持7天内无理由退换货哦！

> 亲，虽然我们这个是特价商品，不过我可以负责任地告诉您，这些特价商品之前都是正品，只是为了回馈老顾客特意进行的促销活动，质量是一模一样的，您完全可以放心购买，而且现在的价格比以前优惠了很多，所以现在买确实很划算，而且我们也支持7天内无理由退换货哦！

### 2.4.3　打消顾客对包装的疑虑

网上购物需要通过物流运输后，顾客才能最终拿到商品。而商品在运输途中难免会磕磕碰碰，质量差的包装容易在运输过程中破裂而导致商品损坏。因此，商品的包装质量也可能直接影响顾客的购物感受。当顾客拿到商品时，最先看到的就是包装，美观大方、细致入微的包装不但能够保护商品的安全，而且还能够赢得顾客的信任。商家可以在商品描述页面中添加包装信息，清楚地告知顾客商品的包装过程，以及防压抗震的包装设计，打消顾客对包装的疑虑，如图2-9所示。

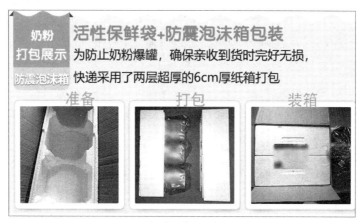

图2-9　打消顾客对包装的疑虑

### 2.4.4　打消顾客对物流的疑虑

物流是联系网店和顾客之间的纽带，顾客对物流的疑虑一般表现在是否能及时收到货物、是否能及时发货、货物是否完好无损等方面。解决这些问题的根本在于客服人员的回答，在面对顾客询问的物流问题时，客服要及时、完整地回答，从而消除顾客对物流的疑虑，促使其安心下单。

- **怀疑物流速度：** 当顾客对物流速度产生怀疑时，客服要及时告诉顾客，与自家网店合作的都是经验丰富的物流伙伴，能够确保商品尽快送到顾客的手中。但由于地方不同，物流公司配送的速度也有差别。有的物流公司能快速配送到一个地方，却未必能快速配送到另一个地方。此时，客服就要及时告知顾客，网店有多家合作的物流公司，同时，网店会根据顾客的地址选择与之匹配的物流公司，以此来确保商品能以最快的速度送到顾客的手中。

- **怀疑发货时间拖延：** 当顾客对网店的发货速度产生怀疑时，此时客服就要善于向顾客展示自家网店的综合实力。如客服可以告诉顾客自家网店资金充足、货源固定、队伍强大，可以保证在第一时间发货。这种实力的展示，可以让顾客对网店能够准时发货坚信不疑，从而乐意下单。

● **怀疑货物会被损坏：**对于一些易碎、易变形的商品（包括瓷器、玻璃饰品、茶具等），客服在告知顾客包装情况时，可以详细说明包装时会用大量报纸、泡沫塑料、泡沫网填充在商品四周，同时，商品外包装上还会粘贴易碎商品的提示，确保在运送过程中商品不会出现问题。而对于液体类商品，客服可以告知顾客在对商品进行包装时，会先用棉花或透明的气泡纸将商品裹好，再用胶带缠紧，同时外面还有塑料袋作为保护层，最后将包扎好的商品放进纸箱中，从而打消顾客对商品损坏的疑虑。

● **怀疑到货不及时：**网店要想消除顾客对商品不能及时送达的顾虑，就要让顾客明白自家网店是有实力及时将把商品送到顾客手中的。此时，客服可以告诉顾客，自家网店正在与哪些出色的物流公司合作，一般几天可以把商品送到顾客手中。这样就能让顾客对网店的送货能力产生信任，从而促成交易。

除此之外，网店还可以通过商品详情页将物流信息传达给顾客，这样的公示往往可以打消顾客对物流环节产生的疑虑，如图2-10所示。

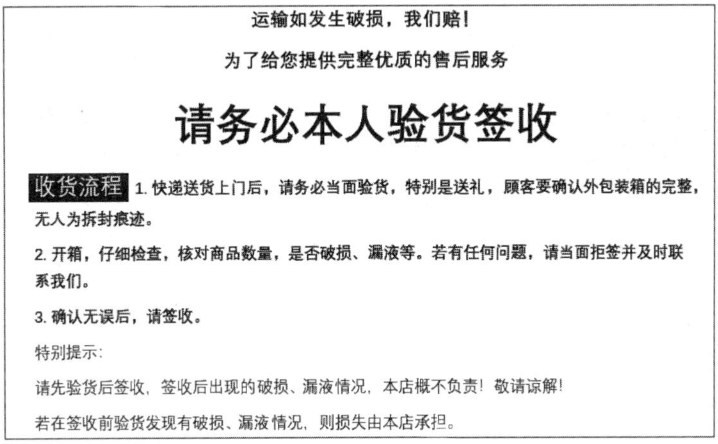

**运输如发生破损，我们赔！**

**为了给您提供完整优质的售后服务**

# 请务必本人验货签收

收货流程 1. 快递送货上门后，请务必当面验货，特别是送礼，顾客要确认外包装箱的完整，无人为拆封痕迹。

2. 开箱，仔细检查，核对商品数量，是否破损、漏液等。若有任何问题，请当面拒签并及时联系我们。

3. 确认无误后，请签收。

特别提示：

请先验货后签收，签收后出现的破损、漏液情况，本店概不负责！敬请谅解！

若在签收前验货发现有破损、漏液情况，则损失由本店承担。

图2-10 商品详情页公示的物流信息

## 2.5 本章实训

（1）客服应掌握的挖掘顾客需求的方法是什么？

（2）遇到不能立即处理的问题时，客服应该如何应对顾客？

（3）客服人员应该主动发现并打消顾客的疑虑，为了做好打消顾客疑虑的准备，试编写一些针对质量疑虑、包装疑虑和物流疑虑的话术。

（4）图2-11所示为某客服与顾客之间的对话，试从对话中判断客服打消顾客价格疑虑的处理方法是否恰当，若不恰当，则应该怎么改进？

052

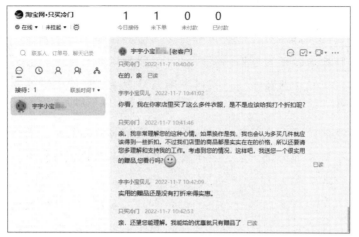

图2-11　客服与顾客之间的对话

# 3

# 网店客服的
# 销售技能

　　网店客服作为与顾客沟通的第一桥梁，在网店中起着答疑解惑、提升网店形象、关联销售、促成交易、提高顾客回购率等重要作用，因此，网店客服除了要打字快、反应快、熟练掌握网店商品和平台知识外，还要熟练掌握各种销售技能，以应对千变万化的顾客群体。例如，销售接待的技巧与话术、促销活动设置、催付订单，以及售前销售技巧和直播话术等。

- 销售接待
- 促销设置与活动推广
- 售前客服的销售技巧与话术
- 协助催付
- 直播客服的销售技能

　　鲁迅先生说："守信的人是最快乐的，诚实是最天真的。"信誉是做人之根本，人无信则不立。一个人只有忠诚老实、诚信做人，才会取得他人的信任，也更容易获得更多的机会。网店客服首先要树立诚信意识，赢得顾客的信任和尊重，然后利用相关的销售技巧进行沟通，这样才有成交的可能。

- 诚信是立足之本，因此网店客服要树立诚信意识。
- 诚信被列为"仁、义、礼、智、信"的五常之道，它是社会每个成员及群体平等相处和交往的信条。

知识要点

视野拓展

## 3.1 销售接待

接待顾客是客服的主要工作，也是最重要的工作。在与顾客沟通的过程中，客服应努力获取顾客的需求，并进行精准销售，最终促成交易。网店的销售流程一般分为进门问好→挖掘需求→推荐商品→促成订单→订单确认→正面评价引导→备注交接→礼貌告别8个步骤。如果客服在任何一个环节没有接待好顾客，那么就有可能导致订单流失。

案例导入

网上销售其实
也不难

### 学思融合

**课堂活动：** 销售接待是一项"技术活"，尤其是网店销售接待更是需要一定的技巧和方法。下面将通过客服小栎的服务案例来看看她是如何让犹豫不决的顾客成功下单的。顾客选中裙子后觉得价格略高，此时小栎对顾客说："这条裙子是今年的流行款式，比百褶裙减龄，比碎花裙百搭，××也这样穿哦。"这位顾客听了小栎的介绍后，立马就下单并付款了。试分析促使顾客购买裙子的原因是什么？

**活动分析：** 这条连衣裙由于价格太高，本来不符合顾客预期的价格标准，但客服小栎简单的一句话就促使顾客下决心购买。这是因为客服小栎暗示这位顾客与明星有着一样的眼光，使她感到自豪，从而促成交易。所以客服在接待顾客时，除了要热情、耐心、礼貌，还要把握好顾客的心理，最终促成交易。

### 3.1.1 进店问好

进店问好是客服接待顾客工作流程的第一个环节，这一环节看似简单却有着很深的学问。客服在一定意义上代表了网店的形象和态度，顾客很容易将客服的态度延伸到对整个网店的态度。若客服给顾客留下了良好的第一印象，那么就很可能会确保本次交易的顺利进行，反之将会导致顾客的流失。

图3-1所示为不同的进店问好方式所产生的结果。

在向顾客问好时，客服可以回复一些个性化的内容，如"亲，欢迎光临××店，请问有什么可以帮您的吗？"对于老顾客，客服则可以换种表达方式，如"张先生，您好，欢迎您再次光临小店，不知道您这次想选一件什么样的夹克呢？"等。另外，还可以通过欢迎语、优惠活动介绍、商品介绍等方式进行问好。

● **欢迎语：** 例如"您好，欢迎光临××旗舰店，我是小店的客服浅浅，很高兴为您服务，请问有什么可以为您效劳的吗？"

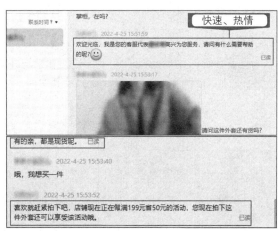

图3-1 不同的进店问好方式所产生的结果

- **优惠活动介绍：** 例如"亲，现在网店有买一送一的优惠活动，喜欢的话就抓紧时间拍下哦。"
- **商品介绍：** 根据顾客的需求，针对商品做出一些介绍，如商品的特征、功能、注意事项等，以增强顾客对商品的认知度，提高顾客的购买欲望。例如，卖衣服就需要介绍衣服的款式、风格、面料、尺寸、洗涤方法及搭配技巧等。

**经验之谈**

客服在接待进店顾客时，一定要注意方式和方法。首先，态度上一定要礼貌，但不能过于亲密；其次，在服务过程中对顾客的称呼要使用"您"，并尽量为顾客着想，当无法满足顾客要求时，要第一时间道歉；最后，尽量不要使用一些消极的语言，如"哦""自己选吧，我也不懂""我不太清楚，也找不到人问"，以及一些带"不"字的任意词语，如"不能便宜""不好意思""不行""到不了"等。

## 3.1.2 挖掘需求

众所周知，并非所有的顾客都是潜在或意向顾客，只有当彼此供需相匹配时，顾客才有可能下单。因此，客服在挖掘顾客需求时，可以从询问和判断两个方面入手。询问一般分为开放式询问和封闭式询问两种，具体选择哪一种方式还需要客服根据顾客的兴趣和对商品的了解程度来进行判断。

- 如果顾客对某款商品十分感兴趣，那么客服就先不用着急介绍其他商品，避免节外生枝，先促成该商品的成交即可。
- 如果顾客由于对商品不了解而不知道选择哪种，此时客服就应根据顾客的需求向顾客介绍商品，如采取二选一、搭配套餐等方法吸引顾客购买。

**056**    询问清楚顾客的购买需求后，客服就可以通过千牛接待中心查看顾客的基本资料，并通过信誉和注册时间判断该顾客的类型（如判断该顾客属于新顾客还是成熟顾客，是冲动购物型还是价格敏感型），然后再通过聊天进一步确认顾客需求。图3-2所示为客服挖掘顾客需求的过程。

图3-2　客服挖掘顾客需求的过程

由上图可知，客服在与顾客的聊天过程中，初步判断出顾客的需求是想买按摩椅，并通过进一步的聊天发现顾客是想买一款适合父母用的按摩椅，从而有针对性地为其推荐适合中老年人使用的按摩椅。

### 3.1.3　推荐商品

推荐商品是指客服根据顾客需求将网店出售的商品通过独特的方式推送给顾客。这是客服工作的重点，也是客服工作能力的具体表现。客服为什么要推荐商品呢？这是因为通过商品推荐可以帮助顾客快速锁定所需商品，提高服务效率，促成交易。另外，客服也可以利用关联销售技巧关联更多顾客所需的商品，以此提高客单价。

在推荐商品这一环节中，客服大致可分为忽略推荐型、盲目推荐型和善于推荐型3种。

- **忽略推荐型：** 忽略推荐的客服在工作中只是简单了解了顾客的需求，无法获取顾客的真实想法，且缺乏销售技巧，整个推荐过程简单、机械且生硬，让顾客感觉客服存在硬性推荐的嫌疑，无法达到真正提高转化的目的。
- **盲目推荐型：** 盲目推荐的客服同样因为缺乏销售技巧，经过一系列的推荐后，顾客仍然只买自己需要的商品，完全不理会客服的推荐。
- **善于推荐型：** 善于推荐的客服的成功秘诀是在与顾客的良好沟通中真正领悟顾客的需求，加上一定的销售技巧，形成一个完整的闭环，达到提高效率、提高客单价的目的。

由此可见，网店客服成功推荐商品的前提是真正地了解顾客的需求。因此，客服在向顾客推荐商品时，首先要瞄准顾客的需求进行推荐；其次立足于顾客的兴趣点进行关联推荐，重视搭配推荐的理由；最后协助顾客进行挑选，促成交易，但最终的选择权还是要留给顾客。

### 1. 瞄准顾客需求

在接待顾客的过程中，客服一定要准确定位顾客的购买需求，顾客咨询的问题往往是他们需求的直接反映，如图3-3所示。有时，部分顾客习惯在拍下商品、订单未付款的情况下再找客服了解商品信息，此时客服就不需要再直接询问顾客的需求了，只需根据顾客所拍下的商品稍加询问即可。

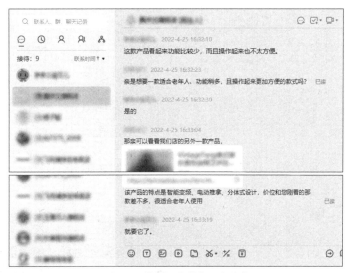

图3-3 从聊天中瞄准顾客需求

**经验之谈**

客服可以在千牛接待中心的"信息窗格"中单击"足迹"选项卡，在其中查看顾客在网店里浏览过的商品，以此来了解顾客的需求。此外，客服在向顾客推荐商品时，一次推荐几款商品更有利于成交，因为推荐一款商品是买与不买的问题，而推荐几款商品则是买哪个的问题。但还需注意的是，客服在推荐商品时，要注意推荐商品的顺序。

### 2. 进行关联销售

只获取顾客的需求是不够的，客服还要乘胜追击，进一步对商品进行有效推荐，而且在成功推荐之后还可以顺势进行商品的关联销售。客服在推荐关联商品时，首先要清楚关联商品与所购商品之间的联系，就好比在实体店购买奶瓶时，导购人员会相应地给顾客介绍备用奶嘴和奶瓶刷等商品，这实际上就是一种关联销售，这对于网店来说也同样适用。

需要注意的是，客服在进行关联销售时，一定要把握好关联商品的特点。首先，关联商品的价值和作用不能高于主力商品，如顾客购买手机时，客服可以将手机保护膜和手机壳进行关联搭配；其次，关联商品与主力商品搭配后在价格上要有一定的优惠。图3-4所示为成功销售关联商品的案例。

**058**

### 3. 将选择权交给顾客

客服必须清楚，无论你将商品说得多好，最终的选择权还是在顾客手中。因此，客服在介绍完商品的某一种性能时要及时与顾客确认，确认顾客是否明白自己所讲解的意思、是否认同自己的解说，如果不认同又有怎样的想法，这些都要了解清楚并及时反馈。

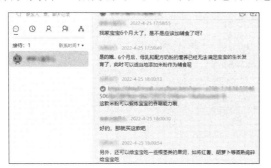

图3-4  成功销售关联商品

## 3.1.4  促成订单

所谓异议，就是顾客的疑问和不满。客服在与顾客沟通之后，绝大部分情况下，顾客多少会对商品产生一些异议，但这属于正常现象。此时，只要客服能够处理好异议并让顾客感到满意，就能促成订单。因此，客服一定要学会处理异议的方法。

常见的异议包括商品质量、包装、价格、色差、发货时间、尺寸及快递等。例如，如果顾客对网店的优惠存在异议，则客服一般可以通过介绍商品本身的优势来打动顾客，说已经是最大优惠了，但是可以强调多买多优惠、优惠券、网店 VIP 等。

### 1. 解决异议的关键

客服在处理异议时要善于抓住问题的本质和关键，可以根据图 3-5 所示的 3 个方面进行分析。

图3-5  解决异议的关键

● **换位思考问题：**当顾客产生异议时，首先要明确异议的真正内容，然后换位思考问题，站在顾客的角度思考产生该异议的直接原因，并找出分歧点，最后利用数据和事实消除顾客的疑虑与误解，与顾客达成共识。

- **阐述商品优势：** 顾客关心的是商品质量、商品价格、生产技术水平、售后服务 **059** 等，因此，客服可以从这几个方面阐述商品的优势。若要把商品优势说清楚，则首先要对商品本身有深入的了解，能说清楚商品的特征、原材料选料、制作工艺、包装、价格、服务等方面的特别之处，同时对同行的相关商品有透彻的了解，通过对比分析，顾客才能明白商品的优势。

- **突出顾客利益：** 当顾客对商品的质量产生异议时，客服除了可以向其说明商品的质保信息外，还可以突出顾客所能享受的利益。例如，顾客问"质量有保证吗？"，客服可以这样回复："这件T恤是纯棉的，吸汗透气，您穿着去打网球会很舒适的，而且对皮肤也很好呢！"

### 2. 处理异议的步骤

客服对顾客异议产生的原因要有清醒的认识，如果不能合理、满意地解决顾客的异议，就会导致订单的流失。图 3-6 所示为处理异议的 4 个步骤。

图3-6　处理异议的4个步骤

### 3. 促成订单的技巧

顾客的异议成功解决后，客服就可以利用一些技巧来促成订单。表 3-1 所示为促成订单的常用技巧。

表3-1　促成订单的常用技巧

| 编号 | 技巧 | 例子 |
| --- | --- | --- |
| 1 | 有条理地回答顾客的问题 | ① 有利于促成订单的先说；<br>② "如果"少说或者不说，强项多说；<br>③ 将 FAB 原则应用于聊天当中 |
| 2 | 多说强项，少说弱项 | 顾客：请问这款尿不湿有尿湿显示吗？<br>客服：亲，没有尿湿显示哦，这款尿不湿是超薄型的，妈妈可以很容易判断宝宝是否尿过了，不需要尿湿显示的哦 |
| 3 | 增加下单紧迫感 | ① 活动快要结束了；<br>② 现在订购可以优惠；<br>③ 早下单可以享受优惠；<br>④ 马上要发货了 |

续表

| 编号 | 技巧 | 例子 |
|---|---|---|
| 4 | 暗示引导顾客 | ① 拍下后帮您备注改价；<br>② 拍下后帮您申请优惠 |
| 5 | 引导收藏加入购物车 | ① 亲，收藏网店可以领取优惠券；<br>② 您好，先加入购物车，"双十一"有改价优惠哦 |

**经验之谈**

　　FAB 是 Feature、Advantage 和 Benefit 的缩写，即属性、作用、益处。按照这样的顺序介绍商品，可以让顾客相信商品是值得购买的。例如，按 FAB 原则介绍一件 T 恤，可以这样说："该 T 恤是纯棉质地的（属性），具有吸水性强、不产生静电的优点（作用），而且它很柔软，易处理，不会刺激皮肤，耐用（益处）。"

## 3.1.5　订单确认

　　为了避免出现不必要的售后问题，客服需要对已付款订单进行再次确认，然后礼貌告别。在订单确认过程中，客服可以分为以下两步。

### 1. 核对商品信息

　　个别顾客在购买商品时，只看了商品图片的大致信息和价格，却忽略了其他因素，只选择便宜又看似相同的商品，收到货后才发现并非是自己想要购买的商品。针对这一情况，客服一定要对顾客订单内所购的商品信息进行二次确认，同时对于附带的赠品、承诺的事项等进行确认。这样既可以避免因顾客疏忽出现差错而造成退换货情况的发生，又可以提醒客服所承诺的内容是否有备注，以免造成"违背承诺"的投诉发生。

### 2. 核对收货地址

　　促成订单后，客服会对顾客的收货地址进行核对，确保顾客所选择的物流或网店推荐的物流可以到达顾客指定的收货地址。如果在核对地址的过程中，顾客提出要变更收货地址，则客服除了要接受地址变更要求并及时进行信息的修改外，还应更加仔细地核对更换后的收货人姓名和电话号码，以免出现差错而延误投递。

## 3.1.6　引导正面评价

　　在网络交易中，交易完成后，就会进入交易双方相互评价的环节。在这个环节中，顾客可以给网店的服务、商品质量和物流等方面的满意度进行评价，而网店也可以给顾客进行评价，以体现网店对顾客的重视程度，如图 3-7 所示。

图3-7 网店和顾客的相互评价

既然是评价，就可能会出现好评或差评。为了避免网店评分过低而导致顾客流失，客服需要对顾客的评价内容进行正面引导，如提醒顾客对服务、商品质量和物流等满意度给予5分好评。若出现不满意的情况，则客服应第一时间与顾客取得联系并及时处理，力争让顾客感到满意。

## 3.1.7 备注交接

在备注交接这一环节，客服需牢记"及时"两字。例如，当顾客需要备注时，一定要及时备注顾客所提出的信息，然后再接待其他的顾客，避免遗漏。此外，需要给售后客服、仓储人员留言时，客服也应备注好信息并将其交接给相关部门。

## 3.1.8 礼貌告别

当顾客成功购买商品后，客服一定要主动与顾客告别，这不仅是一种礼貌，更是在为下一次的交易赢得机会。常用的礼貌告别方式就是合理使用旺旺表情，如表3-2所示。在线沟通的局限性在于客服不能使用文字、手势等微观语言来表达想说的话。所以当客服想要表达对顾客购买商品的感激之意时，就可以利用阿里旺旺的表情，再配上礼貌性的告别话术，给顾客的购买之旅带来不一样的体验。

表3-2 告别时使用的旺旺表情

| 微笑 | 握手 | 成交 | 爱慕 | 举杯庆祝 | 飞吻 | 对不起 | 再见 |
| --- | --- | --- | --- | --- | --- | --- | --- |

## 3.2 促销设置与活动推广

随着网店竞争的加剧，顾客对商品的要求越来越高，可选择的品种也越来越多。为了让顾客愿意花钱购买商品，网店就需要加强促销，通过举办各种活动来使顾客加深对网店商品的认识。这就要求客服掌握不同活动的设置方法，同时还要随时回答顾客提出的关于促销的问题，这样才能保证促销活动顺利开展。

**学思融合**

**课堂活动：** 随着淘宝网的完善与发展，越来越多的商家都将目光投向了淘宝网促销活动，而淘宝网官方也给出了许多促销活动的资源，如单品宝、店铺宝、优惠券等。不同促销活动的设置和推广方式是不同的，与此同时，给网店带来的影响也是不一样的，如优惠券主要是为网店引流，而单品宝则是提高网店的订单转化率。因此，网店客服除了要清楚促销活动商品细则，以及热销商品详情问题外，还应该借助不同的销售方式来提高网店销量。

**活动分析：** 促销是一种商业行为，其前提是遵纪守法，诚实经营。网店在促销商品时，应实事求是地对自己所促销商品的价格、质量、使用范围等向顾客进行客观、公正的宣传。与此同时，网店客服在向顾客推荐促销商品时，也要实事求是，既不能虚假宣传商品质量、价格等，又不能以"假一赔三"，甚至"假一赔十"的方式诱骗顾客，因为这样做，不仅违背了"诚信"经营的本意，而且还会损害顾客的切身利益，是既害人又害己的不法行为。

## 3.2.1 单品宝设置

若网店想要提高信用等级与用户流量，那么打折促销是一个不错的选择，只要优惠力度够大，就可以吸引顾客进店购买商品。淘宝网推出了一款促销工具——单品宝，它主要对定向人群进行促销。该软件不是免费的，需要商家订购后才能使用。商家可以在自己的网店中选择一定

数量的商品，并在一定时间内以低于市场价的价格设置促销活动。下面对单品宝活动的设置方法进行介绍，其具体操作如下。

**步骤01** 登录千牛工作台首页后，在左侧列表中单击"营销"按钮 。

**步骤02** 进入"营销工具"页面，在"营销管理"栏中选择"营销工具"选项，在打开的"工具列表"栏中单击"单品宝"按钮 ，如图3-8所示。

图3-8 单击"单品宝"按钮

**步骤03** 进入"商家营销中心"页面，在"自定义新建"栏中单击 +创建单品宝 按钮，如图3-9 **063** 所示。

图3-9 单击"创建单品宝"按钮

**步骤04** 进入"活动设置"页面，在其中设置活动标签、活动名称、开始时间、结束时间 及优惠方式等基本信息，然后单击 保存并继续 按钮，如图3-10所示。需要注意的是，新开网店 一般不建议单击选中"定向人群"复选框，这是因为新开网店的人群很少，而且客服还需 要提前创建好定向人群后才能启用该功能。

图3-10 活动设置的基本信息

**步骤05** 进入"选择活动商品"页面，根据实际需求单击选中要参加活动商品对应的复选 框，然后单击 下一步 按钮，如图3-11所示。

图3-11 选择参加活动的商品

**064**　步骤 06　进入"设置商品优惠"页面，在其中设置"打折"的系数为"8.8"，并在其右侧的下拉列表框中选择"不限购"选项，然后单击 保存 按钮，如图 3-12 所示。

图3-12　设置商品优惠方式

步骤 07　完成单品宝活动的设置后，可在"单品宝"页面中的"活动管理"选项卡中查看设置的活动内容，如图 3-13 所示。

图3-13　查看设置的活动内容

## 3.2.2　店铺宝设置

　　店铺宝是可对全店商品及自选商品进行促销设置的一种全新营销工具，提供了多层级的优惠级别及优惠内容，可随时暂停与重启活动。成功设置活动内容后，客服可在商品名称下将商品直接展示给顾客。下面对店铺宝活动的设置方法进行介绍，其具体操作如下。

步骤 01　登录千牛工作台首页后，在左侧列表中单击"营销"按钮。

步骤 02　打开"营销工具"页面，在"营销管理"栏中选择"营销工具"选项，在打开的"提高客单价"栏中单击"店铺宝"下的"立即创建"链接，如图 3-14 所示。（如果网页中未显示"立即创建"链接，则表示用户还未订购此功能，页面会提示用户先开通服务再使用，此时用户需要根据提示进行操作开通此功能。）

图3-14 单击"立即创建"链接

**步骤 03** 打开"编辑活动"页面，在其中可以设置活动的基本信息，包括活动名称、优惠类型、开始时间、结束时间、活动目标等，然后单击 下一步 按钮，如图 3-15 所示。

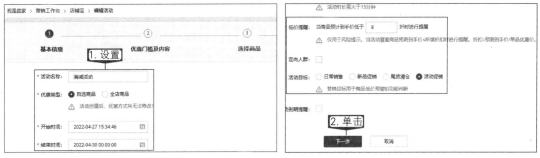

图3-15 编辑活动的基本信息

**步骤 04** 打开"优惠门槛及内容"页面，在其中可以设置活动的优惠条件、优惠门槛及内容等，如图 3-16 所示，然后单击 下一步 按钮。

图3-16 设置优惠条件、优惠门槛及内容

**经验之谈**

优惠门槛及内容是活动的主体，客服最多可设置5级优惠。在"满元"方式下，如果只设置1个层级，那么将会显示"上不封顶"复选框（"满件"方式下没有此功能）。例如，当优惠条件为"满元"且只有1个优惠层级时，支持上不封顶。当单击选中"上不封顶"复选框后，系统将以满20元减10元、满40元减20元的规律类推，以10的倍数类推减价；反之则是满20元减10元、满40元减5元，无论满多少元都是减5元。

**步骤05** 打开"选择商品"页面，在"指定活动商品"页面中单击选中参与活动商品对应的复选框，然后单击 下一步 按钮，如图3-17所示。

图3-17 选择参与活动的商品

**步骤06** 设置好活动后，可在"店铺宝"页面中的"自选商品活动"选项卡中查看新建的店铺宝活动内容，如图3-18所示。客服也可在此页面中进行修改活动、设置优惠、商品管理、活动推广、删除等操作。

图3-18 查看新建的店铺宝活动内容

### 3.2.3　优惠券设置

扫一扫

优惠券设置

优惠券可分为店铺优惠券、商品优惠券、裂变优惠券 3 种，是一种可以通过多种渠道推广的电子券，也是商家常用的一款网店促销工具。网店可以通过设置优惠金额和使用门槛来刺激顾客购买，以提高商品转化率和客单价。下面对店铺优惠券的设置方法进行介绍，其具体操作如下。

**步骤 01** 在"营销工具"页面中的"工具列表"栏中单击"优惠券"按钮🏪，如图 3-19所示。

图3-19　单击"优惠券"按钮

**步骤 02** 在打开的页面中按照页面提示进行优惠券的购买。

**步骤 03** 再次单击"优惠券"按钮🏪，进入"优惠券"页面，然后在"自定义新建"栏中单击 ·创建店铺券 按钮，如图 3-20 所示。

图3-20　单击"创建店铺券"按钮

**经验之谈**

在"营销工具"页面中，不管是单品宝、店铺宝还是优惠券，除了可以自定义新建活动外，还可以通过模板创建优惠活动。其中，利用模板新建优惠券的方法：打开"优惠券"页面，在"从模板新建"栏中单击需要使用的模板名称，然后在打开的页面中根据提示内容进行创建。单品宝和店铺宝的创建方法与之类似。

**步骤 04** 打开"创建店铺优惠券"页面，在"推广渠道"栏中单击选中"全网自动推广"单选项，然后设置优惠券的基本信息和面额信息，最后单击 资损风险校验 按钮，如图 3-21 所示。

图3-21 设置优惠券的基本信息和面额信息

**步骤 05** 成功创建店铺优惠券后，返回"优惠券"页面，在"店铺优惠券"选项卡中显示了新创建的店铺优惠券，如图 3-22 所示。客服可以在此修改或结束店铺优惠券，也可以复制链接给顾客。

图3-22 查看新创建的店铺优惠券

**经验之谈**

创建优惠券时，"推广渠道"栏中提供了"全网自动推广""官方渠道推广""自有渠道推广"3 种不同的推广渠道。其中，全网自动推广是允许在全网传播的通用券；官方渠道推广是阿里妈妈推广、官方活动招商等官方渠道的专用券；自有渠道推广是用于站外、阿里旺旺等自有渠道的不公开券。

### 3.2.4 活动的前期准备

在互联网时代，电商平台的促销是所有网店运营手段中较为常用、也是非常重要的一个环节。促销往往是把双刃剑，运用得好就会为网店创造收益和知名度，提升网店销售力；反之则会让网店陷入销售困境。网店在进行促销活动前必须做好充分的准备工作，不要盲目跟风，否则只会适得其反。在促销活动前，客服应该做好以下 3 点。

- **明确活动目的：** 做活动前首先要明确活动目的，是想要提高销量、曝光品牌、维系老顾客，还是引流增加新顾客等。不同的活动目的有不同的策划方案和推进方式。
- **选择促销方式：** 常见的促销方式包括满就送、折扣、清仓、发优惠券等。小型网店的促销活动主要以简单为主，不宜同时使用两种以上的促销方式。
- **活动前预热期：** 对于新顾客，客服可以进行一些推广引流活动；对于老顾客，客服可以在预热期内群发旺旺信息或发送短信通知。此外，客服还应通知仓库提前做好准备，如热销商品提前打包分类等。

### 3.2.5 活动信息的传达

在网店开展活动及活动预热期间，网店页面中会呈现活动信息，但并不是所有的顾客都会看到正在进行的活动。因此，当设置好促销活动，客服应该及时将活动信息传递出去，以达到宣传活动的最大效果。当向顾客群发消息时，针对某些已知手机号码的老顾客，客服可以以短信或微信的形式发送活动信息，或通过千牛工作台给顾客群发活动信息，其具体操作如下。

**步骤 01** 登录千牛工作台后，进入"接待中心"界面，单击"我的好友"按钮，在需要群发消息的好友分组名称上单击鼠标右键，在弹出的快捷菜单中选择"向组员群发消息"命令，如图 3-23 所示。

**步骤 02** 打开"群发即时消息"对话框，其中显示了当前组中的好友名称，在编辑栏中输入活动内容，单击 发送 按钮，如图 3-24 所示。如果想要给除了该组外的其他组员一并发送促销消息，则可单击 选择其他好友 按钮，在打开的列表中选择要发送消息的好友。

图3-23 向顾客群发消息

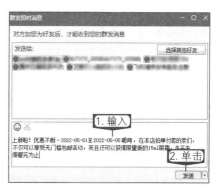

图3-24 编辑群发消息的内容

由于网店促销活动是早已策划好的，所以，客服在发送活动信息时，可以事先将促销活动的话术整理好，然后利用快捷回复的方式对新加入的顾客进行宣传。以下为部分促销活动话术。

> 😊：欢迎光临××店，我是您的专属客服×××！网店上新大促中，有很多优惠券等着您来领取哟。订单满199元还包邮哟。
>
> 😊：又到周年庆了，凡在网店周年庆这天购买店内任意商品，小店都会附赠超级大礼哦！只有您想不到的，没有您买不到的！
>
> 😊：店铺促销开始啦！全场3～5折，您也许不相信这么低的价格会有这么超值的商品，但就在2022年5月3日，就在今天，真的实现啦～要购买的亲抓紧时间哟，小的在这里恭候您的大驾。

> 😊：零点的钟声已响起，小店的抢购活动也开始啦！本店在2022年5月1日12点至13点整，时间一到恢复原价，所以还等什么呢，赶紧动起来哦，亲。
>
> 😊：张先生，告诉您一个好消息，中秋节与国庆节马上就要到了，为了感谢您对我们店的信任与支持，本店特为您送上一份非常珍贵的礼物，凡是我店的老顾客，我们会赠送一张价值20元的优惠券，且是无门槛使用哟！使用期限为10月1日至10月8日，希望您能抓住这个机会。

## 3.2.6　活动的维护

在活动期间，订单会大量增多，此时客服的工作量也会随之增加，并且活动后还会有很多顾客前来咨询物流问题，也可能会出现更多的售后问题，这些都需要客服平时多积累工作经验，并以快速且有效的方式解决顾客的问题。

另外，无论是什么活动，网店都对顾客进行了让利，这时客服一定要把服务做好，让顾客对商品进行口碑宣传并在评价中体现对网店的肯定，以便创造更大的价值。图3-25所示为客服回复顾客的提问，从图中不难看出，不同的回复方式将会影响顾客的购物体验及下单转化率。

图3-25　客服回复顾客的提问

## 3.3 售前客服的销售技巧与话术

市场是有限的，顾客也是有限的，如何在有限的顾客群体中更好地跟进目标顾客，从而促成订单的生成，这就需要客服在沟通过程中不断挖掘顾客的需求，然后引导顾客，并借助相应的销售技巧来帮助顾客下决心购买商品并付款。下面介绍售前客服应掌握的销售技巧与话术。

### 3.3.1 商品推荐技巧

在与顾客的聊天过程中，客服要想方设法地寻找合适的时机来营销自己的商品，但面对理性消费的顾客时，客服需要通过一定的商品推荐技巧，并把握合适的时机向顾客进行推荐。下面讲解在顾客咨询时主动推荐和所售商品缺货时主动推荐两种情况下，客服应如何介绍商品。

#### 1. 咨询时主动推荐

客服在与顾客的沟通过程中可能会遇到各种类型的顾客。当遇到一些漫无目的或购买需求不强烈的顾客时，客服要充分分析并定位顾客的需求，通过专业、认真、热情的服务来打动顾客，然后主动推荐符合顾客需求的商品。图 3-26 所示为针对漫无目的型顾客的对话场景。

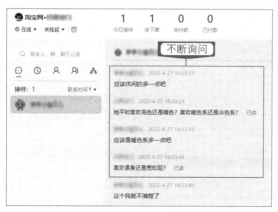
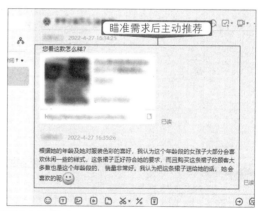

图3-26 针对漫无目的型顾客的对话场景

#### 2. 缺货时主动推荐

众所周知，商家有时会出现缺货的情况，在此情况下，客服对顾客说得比较多的话就是："抱歉！暂时没有现货了。"但这样是万万不可的。遇到这种情况时，如果顾客仍处于犹豫之中，客服可以主动向顾客介绍其他替代品，甚至可以通过减少利润的方式（如商品打折）来吸引潜在的顾客。图 3-27 所示为客服处理商品缺货时的对话场景。

072

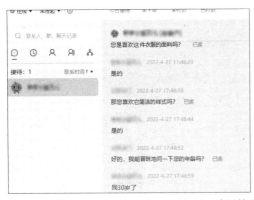

图3-27　客服处理商品缺货时的对话场景

### 3. 主动推荐的常用话术

要想提高网店的成交量和转化率，客服需要主动出击、巧妙推荐，这样既能给顾客带来舒适的购物体验，又能让网店的销量节节高升。表3-3所示为主动推荐的常用话术。

表3-3　主动推荐的常用话术

| 主动推荐的时机 | 主动推荐的话术 |
| --- | --- |
| 寻求建议时 | ：我喜欢这两双鞋子，但是不知道该选择哪一双，你能给我一些建议吗？<br>：好的，亲。这两双鞋从款式上来讲都很不错，但是从材质上来讲，我推荐您选择下面这双。<br>：为什么呢？<br>：一是上面那双鞋的材质是牛皮的，皮质较结实，时间久了没有下面这双羊皮材质的鞋穿着舒服；二是从销量上来看，下面这双鞋销量更好。所以，我推荐您选择下面这一双。<br>：我就是喜欢穿上舒适一点的鞋，听你这么一说，我更喜欢下面这个了。但是这个有两种颜色，浅色的好还是深色的好？<br>：这两种颜色从销量上来看，是差不多的，也就是说这两种颜色都很不错，绝大多数顾客都能够接受。但是我建议您选择浅色的，因为现在夏天到了，浅色的比较清爽，而且好搭配衣服。 |
| 缺货时 | ：请问这条裙子的黄色款还有货吗？<br>：您好，亲，这条裙子的黄色款没有现货了，我推荐您考虑下同款的红色哦！<br>：但我只喜欢黄色。 |
| 缺货时 | ：这条红色的裙子是我们现在同系列当中销量比较高的一款，而且红色属于暖色系，象征着热情和兴奋，很容易抓住他人的视线，我建议您可以考虑一下哦！<br>：那如果我收到货后不喜欢怎么办？<br>：这个请您放心，我们店支持7天无理由退换货。我建议您收到货后先上身试一下效果，然后再看看是否喜欢或是否需要退换货，您说呢？<br>：既然你都这么说了，那我就买下来试试看吧。<br>：好的，亲，我相信您一定会满意的。 |

| 主动推荐的时机 | 主动推荐的话术 |
| --- | --- |
| 犹豫不决时 | 😊：我看上了这款包，你跟我说实话，这款包究竟怎么样啊？<br>😎：亲，您的眼光真好，这款包目前是我们店的热销款，顾客的评价和反馈都是不错的。<br>😊：我看购买这款包的顾客好像都很年轻，那这款包是不是更适合年龄小一些的女性呀，对于我这种 30 多岁的女性来说，这个款式会不会不太合适呀？<br>😎：这点您不必担心，买我们这款包的年龄在 20 多岁的姑娘是偏多一些，但也不乏 30 ~ 40 岁的女性哟。<br>😊：是吗？有没有线头或其他质量问题呢？<br>😎：亲，我说实话，就算是再精密的电子仪器都会有一定比例的残次，但重要的是我们有完善的售后服务保障。我不能承诺您买的包包百分之百没有问题，但是我可以承诺您，如果出现了问题，我们百分之百地会去解决，直到您满意为止。 |

**职业素养**

　　每个商品都有其优点和不足，网店客服在向顾客推荐商品时，可以针对同行其他商品的弱点来突出自家商品的优点，进而打动顾客。但需要注意的是，客服在向顾客推荐商品时，一定要把握好"用心"原则，"用心做事"是一种态度，它能使客服尽力做好本职工作。除此之外，"用心做事"也是一种行为准则，是每一位客服应该树立的基本信念和要求，也是对工作富有强烈责任感的外在体现，更是做人的良知和本分。

## 3.3.2　关联商品的销售技巧

　　为了提高网店的访问量，提高客单价，网店会要求客服在进行销售的过程中注意搭配销售。在推荐关联商品时，商品的关联性越强，组合得越合理，就越能激起顾客购买关联商品的欲望。

　　商品之间的关系一般可分为同类型商品、互补型商品及没有关系的商品。例如，某个顾客浏览婚纱网店的商品时，网店中不同款式的婚纱就属于同类型商品的关系，而手套、婚鞋、新娘头饰这些则是互补型商品，短裤、T恤就是没有关系的商品。在向顾客推荐商品时，客服一般要选择关联销售的互补型商品和同类型商品。此外，价格型的商品关联和数据型的商品关联也是较为常见的商品关联方法。常见的关联商品组合方式如图 3-28 所示。

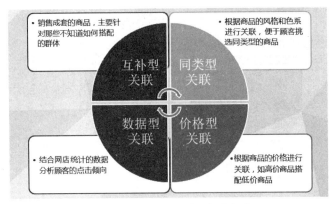

图3-28　常见的关联商品组合方式

### 1. 互补型关联

互补型关联是指将这件商品的周边商品进行搭配销售，免去顾客的搭配烦恼。这类推荐适合嵌入式关联，可以放在商品描述的各个地方，顾客在购买主推商品的同时很有可能会同时购买相关的其他商品。例如，在上衣的页面里推荐牛仔裤，在奶瓶的页面里推荐奶嘴和奶瓶刷等。

若商家在衬衣页面加入了裤装推荐，那么客服在向顾客推荐衬衣的同时，就可以附加推荐裤装，如图3-29所示；并通过搭配得体美观、免去再次搭配、裤装耐看百搭等特点说服顾客购买，从而提高客单价。

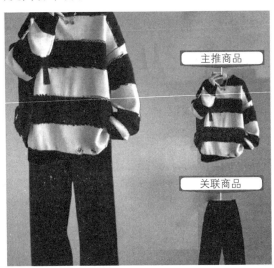

图3-29　互补型关联

### 2. 同类型关联

同类型关联是指商品在内在属性、使用方法、外在美观性等各个方面具有相似性。只有当客服了解了顾客的需求后，在向其推荐商品时才能更具有选择性，让顾客有更多的选择，同时也增加了顾客购买的可能性。

图3-30的左侧是主推商品，右侧是关联商品。客服要根据主推商品的外在特点确定

几款样式和色彩类似的关联商品，并将这些商品都列为备选项，让咨询的顾客在最大限度上进行选择，从而增加购买的可能性。

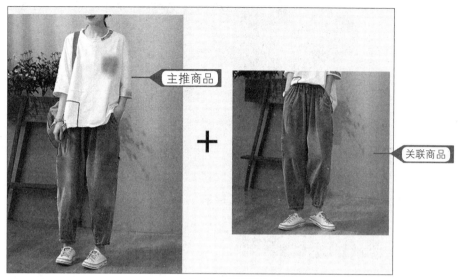

图3-30　同类型关联

### 3. 价格型关联

价格型关联是指客服在搭配商品时要注意商品价格的合理搭配，较为理想的搭配方式为"高价位商品＋低价位商品≈高价位原价"。这样的搭配方式会让顾客感到非常实惠，用一件商品的价格换来了两件或更多商品，这样一来，顾客购买的商品数量多了，客单价自然也就上去了。价格型关联的搭配例子如图 3-31 所示。

图3-31　价格型关联的搭配例子

### 4. 数据型关联

数据型关联就是根据顾客的浏览情况、购买情况等信息，推测商品搭配的可能性，站在顾客需求的角度对商品进行关联销售。一般来说，数据型关联可以采用以下两种关联方法。

● **根据购买记录进行关联：** 利用千牛工作台导出销售记录，看购买A商品的人同时购买了哪些商品。如果发现购买了A商品的人同时购买B商品、C商品、D商品、E商品的概率较高，那么就把A商品关联上B商品、C商品、D商品、E商品。以这种方法进行的商品关联是比较常见的。客服在推荐商品时要以商品搭配销售的销量和顾客的喜爱程度为依据向顾客进行推荐，如图3-32所示。

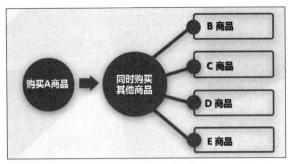

图3-32　数据型关联

● **根据浏览习惯进行关联：** 客服要关注"正在浏览E商品的人更喜欢浏览哪些商品"的数据统计，并做好实时统计。例如，发现浏览E商品的人又浏览了F商品、G商品、H商品，那么这些也能成为商品关联的依据。

### 3.3.3　售前客服的话术分类

在大量的顾客咨询与接待工作中，客服可以发现顾客关心与咨询的问题有很大的重复性。基于这个特点，客服可以使用统一的销售话术来减少工作量，提高工作效率，这样不仅可以降低客服的工作难度，还能减少不必要的售后投诉。表3-4所示为常见的售前客服话术。

表3-4　常见的售前客服话术

| 咨询类型 | 客服回复话术 |
|---|---|
| 问候型 | ① 亲，您好，欢迎光临××服装店，我是客服小月，很高兴为您服务；<br>② 亲爱的，您知道本店的购物机密吗？本月10日—15日全场包邮，且有神秘小礼物赠送，部分商品还有半价优惠哟。让小迪带您一起破解密码，去寻找神秘优惠券吧 |
| 推荐型 | ① 亲的眼光真不错，我个人也非常喜欢您挑选的这款呢；<br>② 亲，您选购的这双鞋子可是我们店里的热销商品哟，很多顾客来咨询过，而且实物比照片看起来更好看呢 |
| 议价型 | ① 亲，我们家的商品质量是有保证的哟，俗话说"一分钱一分货"，您也可以对比一下其他店的商品，请您多多理解哦，需要的话继续联系我；<br>② 亲，咱是小店，薄利多销，我也做过市场价格调查的，我们这样的质量在淘宝上也不多呢，您看我这个面料是……和别人的那种……面料是不一样的哦；<br>③ 亲，非常抱歉，您说的折扣真的很难申请到，要不您看×××元可以吗？我可以再帮您问一下，否则我真的不好办 |
| 催付型 | ① 亲，在下午3点之前购买付款，快递小哥当天就能拿货，您的快递将会以最快的速度投奔到您的怀中；<br>② 亲，您加入购物车的这款商品今天正在促销中，赶紧拿下吧，错过今天就要恢复原价了；<br>③ 亲，您还有什么疑问吗？说出来我会帮您解决，方便您购买付款，我尽快给您安排发货哈 |

| 咨询类型 | 客服回复话术 |
| --- | --- |
| 确认订单型 | ① 亲，我看到您付款成功啦，收件人的姓名和地址，是对的吧？<br>② 亲，麻烦确认一下订单信息是否正确，如果信息无误，小月就能马上给您发货了哟 |
| 转接型 | ① 亲，现在咨询量很大，请您一边看详情介绍一边等一下小月，小月会尽快回答您的问题，非常感谢您的理解；<br>② 亲，真的很抱歉给您带来的麻烦，您的问题我将会帮您转到售后进行处理，请稍等 |

# 3.4　协助催付

客服与顾客经过长时间的沟通，终于拍下了商品，却迟迟不付款的情况也时有发生。为了顺利完成订单，提高销量，客服需要采取一定的方法进行催付。催付工作是提高询单转化率的有效方法。

不过，在进行催付之前，客服要先分析顾客不付款的原因，找到原因后再对症下药，从容应对顾客拍下商品却不付款的行为。另外，用何种方式进行催付、催付时要用何种语言和工具、催付时间的选择等，这些知识都是客服在进行催付工作前应该掌握的。

## 3.4.1　挑选订单

在进行催付前，客服首先要知道在哪里可以查看"等待买家付款"的订单。较为常用的方法是通过千牛工作台进行查看，其具体操作如下。

**步骤 01**　登录千牛工作台首页后，在左侧列表中单击"交易"按钮 ▤。

**步骤 02**　打开"已卖出的宝贝"页面，单击"等待买家付款"选项卡，在打开的下拉列表中显示了所有未付款的订单，如图 3-33 所示。

扫一扫

挑选订单

图3-33　查看"等待买家付款"的订单

**步骤 03** 如果订单量比较大，则可以单击"已卖出的宝贝"页面中的 批量导出 按钮，然后在打开的列表中单击 生成报表 按钮，批量导出订单，如图 3-34 所示。

图3-34 批量导出订单

**步骤 04** 打开"批量导出"页面，单击 下载订单报表 按钮，如图 3-35 所示，在打开的"下载内容"提示对话框中，可查看报表的下载进度。待下载完毕后，单击提示对话框中的"打开"链接，如图 3-36 所示，在打开的 Excel 表格中查看顾客的会员名、顾客应付货款、订单时间、订单状态、联系电话、收货地址等详细信息。

图3-35 下载订单报表

图3-36 单击"打开"链接

## 3.4.2 分析原因

收集了订单信息后，客服首先应该分析是什么原因导致顾客在拍下商品后迟迟没有付款，然后对症下药。如果只是盲目地催促顾客付款，反而会适得其反。其次，客服要把未付款的原因看作顾客遇到的问题，然后带着这些问题思考，最后帮助顾客解决问题。

顾客未付款的原因一般可以分为主观原因和客观原因两大类。

### 1. 主观原因

主观原因可以总结为 3 种：第一，顾客与客服就商品价格无法达成一致；第二，顾客对商品持怀疑态度；第三，顾客想另寻商家。针对这 3 种原因，客服可以用以下方法解决。

● **议价不成功：**顾客进行议价一般是出于心理价位的问题，此时，客服可以采用赠送小礼品或升级为网店VIP等方式来满足顾客的心理价位，也可以试探顾客的心理价位，以便提高催付成功率。

● **有所疑虑：**如果顾客未付款的原因是心里有疑虑，那么，客服就要努力为顾客排除疑虑，促使其尽快付款。例如，顾客有商品质量方面的疑虑，客服就要在交流时准确地描述商品的工艺、材质、使用技术等，甚至可以为顾客提供相关的质检报告和其他顾客评价；如果是支持7天无理由退换货的网店，客服还可以向顾客说明这一保障，让其放心购买。

- **另寻商家：**如果是货比三家的顾客，那么客服可以从商品本身及服务去寻找差异，将这些卖点及差异展现给顾客，为本网店商品加分，以吸引顾客付款。图3-37所示为客服通过强调网店完善的服务来打消顾客货比三家的想法。

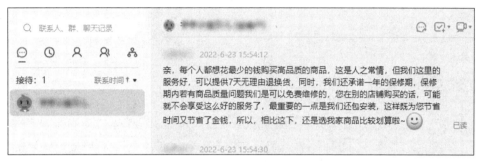

图3-37　完善的售后服务

**经验之谈**

针对讨价还价的顾客，客服可以采用较小单位报价法来说服顾客。所谓较小单位报价法，是指将报价的基本单位缩至最小，使顾客产生"价格不贵"的错觉。如每斤茶叶200元/两和20元/两，这两种不同的说法肯定后者更容易被认可，顾客听到这种形式不一样而实质却一样的报价时，其心理感受是大不相同的。

### 2. 客观原因

除了主观原因外，顾客迟迟未付款也可能是由一些客观原因引起的，如一些新手顾客对于购物流程不熟悉、忘记了支付密码、支付宝余额不足等原因。对于这些客观原因，客服可以用以下方法解决。

- **操作不熟：**客服在接单过程中，难免会遇到一些新手顾客，这类顾客对购物流程还不太熟悉，在第一次支付时可能会遇到插件下载、密码混淆等问题，从而导致订单支付失败。此时，客服就要积极、主动地询问原因，慢慢引导顾客一步一步地完成支付操作。
- **忘记支付密码：**有些顾客可能会忘记支付密码，并且还不知道具体的操作，此时，客服需要熟悉重置密码的方法，并帮助顾客找回支付密码，最终完成付款操作。
- **支付宝余额不足：**当顾客说支付宝余额不足不能付款时，客服可以建议顾客使用其他支付方式进行付款，即在付款页面中单击 其他付款方式 按钮，如图3-38所示，然后根据需要选择相应的支付方式来完成付款，如图3-39所示。

**080**

图3-38　单击"其他付款方式"按钮 　　　　图3-39　选择其他付款方式

> **经验之谈**
>
> 　　除了上述原因外，顾客拍下商品后忘记付款也是造成订单未成交的原因之一。这类顾客可能是在闲暇时不经意间看到了网店的商品，觉得需要这款商品就随手拍下，但忘记付款。针对这类顾客，客服只需提醒就可以了。

## 3.4.3　催付注意事项

在催付过程中，客服需要特别注意两个事项，即时间和频率。

### 1. 时间

客服需要知道合理的催单时间为上午9：30开始，下午2：30开始，也就是说，不要在顾客休息或赶时间的时候催付，节假日还需延后。例如，客服早上查看订单时发现有顾客凌晨1：00拍下了一件商品，如果早上8：00客服打电话催付，那时顾客很可能还在睡觉，而打扰顾客的睡眠对接下来的催付是很不利的。一般订单催付可参照表3-5所示的时间来执行。

表3-5　催付时间表

| 下单时间 | 催付时间 |
| --- | --- |
| 上午11：00前 | 当天下午3：00前 |
| 下午3：00前 | 当天发货前 |
| 晚上10：00前 | 第二天中午前（下午上班前） |
| 00：00以后 | 第二天中午12：00以后 |
| 购买两次以上的顾客 | 拍下商品48小时后 |

需要注意的是，购买两次以上的顾客通常对网店有信任感，并且了解商品，所以客服不必太着急去催付。如果是日常交易，最好是在交易关闭前 24 小时内进行催付，并且在催付之前可以先询问一下顾客对商品的使用感受，以再次提高顾客黏性。

### 2. 频率

客服不要使用同一种方法重复催付，并且催付频率也不应太高，要把握好分寸。如果顾客实在不想购买，客服千万不要态度强硬，可以选择退让，给顾客留下一个好的印象。图 3-40 所示的对话场景便充分说明了退让的价值。

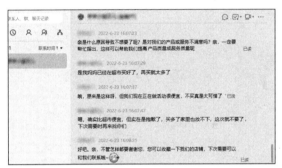

图3-40　客服选择退让的对话场景

## 3.4.4　使用催付工具

当客服与顾客进行沟通以了解未付款原因，或者知道未付款原因后对顾客进行催付时，都需要选择相应的催付工具，以达到事半功倍的效果。以淘宝网客服为例，常用的催付工具有千牛、短信、电话 3 种，如图 3-41 所示。

图3-41　淘宝客服常用的催付工具

### 1. 千牛

千牛是在线客服较为常用的一种催付工具，商家使用千牛与顾客进行的沟通是完全免费的。使用千牛进行沟通不但成本低，而且操作也很方便。另外，最重要的一点是，顾客可以在另一端即时付款。图 3-42 所示为客服通过千牛进行催单时与顾客的聊天内容。

图3-42　客服通过千牛催付

千牛的不足之处在于顾客不在线时，不能保证顾客及时看到通过千牛所发送的信息。因此，当顾客不在线时，客服可以选择给顾客留言，也可以使用短信或电话进行催付。

**经验之谈**

使用千牛进行催付时，客服除了可以针对不同的顾客编辑不同的话术外，还可以通过千牛进行直接催付。其操作步骤：打开"接待中心"页面，在"信息窗格"中单击"客户订单"栏中的"未完成"选项卡，再单击订单右侧的"展开"按钮，在打开的列表中单击 催付 按钮，即可直接发送催付消息给未付款的顾客，如图3-43所示。

图3-43　通过千牛进行催付

### 2. 短信

短信与千牛不同，通常，短信的及时阅读率较高，但顾客很少会回复，因此，客服在编辑短信内容时一定要全面，保证让顾客一看就懂。另外，由于短信有字数限制，所以客服在编辑短信时，应在少量的文字里包含大量的信息。短信催付内容应包含以下4个要素。

- **网店：**首先要让顾客知道是谁在找他，因为顾客不一定只在一家网店购买商品，如果连网店名称都没有，那么就很难保证顾客看到消息后知道是哪家网店在提醒他，还有可能会替他人作嫁衣。此外，加入网店名称还可以起到宣传网店的作用。

- **商品：**有时即使说了网店名称也不一定能让顾客想起自己在网上所购的商品，此时客服就要在短信内容中加入顾客所购商品的名称。当然，私人、隐私类特殊商品另做考虑。

- **时间：**让顾客知道自己是在什么时候购买的商品，从而进一步加深顾客购买商品时的记忆。

- **技巧：**技巧即话术技巧，如制造紧迫感、享受特权、信息核对等。

常用的短信催付话术参考如下。

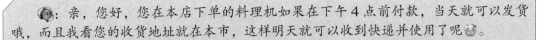

> 亲，您好，您在本店下单的料理机如果在下午4点前付款，当天就可以发货哦，而且我看您的收货地址就在本市，这样明天就可以收到快递并使用了呢😊。
>
> 亲，非常抱歉打扰您，方便的时候请尽快为您上午在本店精心挑选的华为C199手机壳付款哦。活动期间赠品有限，欲购从速，付款后会第一时间给您发货哦——"××旗舰店"。
>
> 亲，看到您在活动中抢购到了我们的商品，真的很幸运哟，但您这边还没有支付，不知道遇到了什么问题，再过一会儿交易就要自动关闭了呢。如果其他顾客在有货时完成了支付，那您这边就失去这次机会了哦。
>
> 亲，看到您这边还没有支付，我们这件商品是可以7天无理由退换货的哟～本店还帮您购买了运费险，收到以后包您满意，如果不满意也可以免费退回，没有后顾之忧。
>
> 亲，您在×××店拍下了一件M码的红色连衣裙，地址是×××，请您核实一下，如果没有问题的话，付款后，我们今天就可以打包发货了哦。

### 3. 电话

除了千牛和短信外，电话也是一种不可或缺的催付工具。对于订单总额较大的顾客，客服可以使用电话催付方式，因为电话沟通的效果好，且顾客的体验度也较高。缺点是电话的时间成本较高，因此一般客服选择在大额订单和老顾客订单中使用。

电话催付内容同样需要具备短信内容中的4个要素。除此之外，电话催付还应注意以下3点。

- **自我介绍：** 自报家门，让顾客知道你是谁，为什么打这个电话，从而让顾客接受你，愿意接听这通电话。
- **礼貌、亲切：** 在电话交谈中以顾客为中心，不能一味地催促顾客付款，而要保证打电话时不会影响顾客的正常生活。
- **口齿清晰：** 控制语速，让顾客能够清楚地听到你所说的内容。如果顾客听不清，则会影响通话质量。

常用的电话催付话术参考如下。

> 您好！请问是李女士吗？
>
> 嗯，你是？
>
> 您好，我是××旗舰店的客服小曼，我看到您昨天在我们店里下单的商品还没有付款，目前我们的洗发水套装是有优惠活动的，不要错过哟！如果您在支付过程中遇到了不懂的操作问题，也可以向我咨询。
>
> 哦，我知道了，这几天比较忙，下单后就去忙其他事情了，我等下会上线支付的，你们送的小礼品还有吗？

> 🧑‍💼：赠送的小礼品我这边已经在订单里面特别备注了，请您放心。不过礼品有限，您付款越早，拿到礼品的机会就越大哟。
>
> 👩：好，我等下就去付款。
>
> 🧑‍💼：好的，感谢您对本店的支持，祝您购物愉快，再见。

## 3.5　直播客服的销售技能

电商平台不断发展，衍生出了许多与电商相关的职业，如淘宝直播。淘宝直播的主要目的是帮助网店把商品成功销售出去。事实上，直播包含了许多销售技巧和话术，淘宝直播客服只有掌握相关的销售技能和方法，才能在直播中达到事半功倍的效果。

### 3.5.1　五步销售法

直播客服就像是服装店的销售员、美容院的顾问、电视购物里的主持人，要想把商品成功推销出去，就要掌握一定的销售方法。下面总结了一个五步销售法，即"提出问题→放大问题→引出商品→提升高度→降低门槛"，通过该方法，直播客服可以留住顾客、锁住顾客、说服顾客，并最终促使顾客下单购买。

#### 1. 提出问题

直播客服结合消费场景提出消费痛点及需求点，给顾客一个购买商品的理由。例如，夏天很重要的一点就是防蚊，那么在直播介绍驱蚊商品之前，客服可以先铺垫一下，浅显地提出困扰，并让这些困扰成为直播间里的活跃话题。需要注意的是，直播客服在进行铺垫时，不要太假、太夸张，要从实际出发，可以从一个实际问题开始，也可以从一句简单的抱怨开始。例如，"2022年的夏天已悄然到来，又到了蚊虫肆虐的时候，在夜晚乘凉固然惬意，但蚊虫的嗡嗡声萦绕，实在让人不快。那么，如何有效预防蚊虫的叮咬呢"，浅显地提出问题，重点是引出话题，与顾客产生共鸣，注意不要深入讲，更不要急于引出商品。

#### 2. 放大问题

直播客服在放大问题时，一定要全面化和最大化，要把顾客忽略的问题隐患尽可能地放大。结合上文的例子，可把不做防蚊的危害放大。例如，"现在才刚刚入夏，到秋天还有好几个月的时间，待到蚊虫消失时，不知道身上会叮出多少个小包，其实我是不怕蚊虫叮咬的，但最怕的是叮咬之后如何处理，是否携带病菌"，把蚊虫叮咬上升到如何处理阶段。

#### 3. 引出商品

引出商品是指直播客服以解决问题为出发点引出网店商品，以此来解决之前提出的问题。仍旧沿用上文的例子，通过预防蚊虫叮咬引出网店商品。例如，"常用的防蚊方法是点蚊香、喷灭蚊剂、使用驱蚊液等，其中效果好且较安全的应该就是使用驱蚊液了"，然后逐一引入网店中的相关商品。注意，此时直播客服不要对商品进行详细介绍，而是先介绍商品是如何有效解决之前提出的问题的，把好的结果展现给顾客。

### 4．提升高度

提升高度是指详细地讲解商品，并通过品牌、原料、安全性、整体效果等其他视角来增加商品本身的附加值（这个阶段可以展现直播客服的专业知识）。经过一番透彻且详细的介绍后，直播客服可以让顾客对这款商品产生仰视的心理态度。

### 5．降低门槛

经过前面的铺垫后，直播客服就可以开始讲解网店的优惠活动、优质的渠道、多仓库发货等内容，从而降低顾客的购买心理防线，成功吸引顾客下单。

## 3.5.2 常用的直播话术

如今，直播带货十分火热。直播客服掌握一些直播的营销话术不仅能让顾客感受到客服的专业性，还能促成交易。常用的直播话术分为留人话术、互动话术、商品介绍话术、引导成交话术、促单话术、促付话术、结束话术 7 种，如表 3-6 所示。

表3-6　常用的直播话术

| 直播话术类型 | | 话术内容 |
| --- | --- | --- |
| 留人话术 | 福利诱惑 | 直播间的朋友们，12 点整我们就开始抽免单啦～还没有点关注的朋友可以在上方点个关注，加入我们的粉丝团，12 点整就可以参与抽免单了，还可以找我们的客服人员领取 20 元无门槛优惠券哟～朋友们要抓紧时间哦 |
| | 回答粉丝提问 | ：主播能把这条裙子和刚刚的小西装搭配试穿一下吗？<br>：@×××，可以先关注主播，稍后马上为你试穿哦！<br>：有优惠活动吗？那个 ××× 防晒霜多少钱？有优惠券吗？优惠券怎么领？<br>：提问优惠券的那位 ×××（最好直接说 ID 名称），××× 防晒霜有优惠券 ×× 元。（然后反复告诉具体的优惠力度及使用方法，确保顾客能够在客服的指引下正确使用优惠券并下单） |
| 互动话术 | 发问式 | "刚刚分享的小技巧大家学会了吗？"<br>"这款口红你们以前用过吗？如果不清楚怎么搭配的可以'扣'1，我再给大家详细讲解" |
| | 选择式 | "想要 a 款的'扣'1；想要 b 款的'扣'2"<br>"换左手这一套衣服的'扣'1，右手这一套衣服的'扣'2" |
| | 刷屏式 | "直播间的朋友们把 ×××'刷'起来，给大家发优惠券了"<br>"想要的朋友们在评论区里'扣'想要"<br>"想要 ××× 的朋友们，满屏'刷'起来好不好，要福利的朋友们把 ×××'刷'起来" |

086

续表

| 直播话术类型 | 话术内容 |
|---|---|
| 商品介绍话术 | "这款商品有××%的好评率，是同类商品中好评率较高的，朋友们可以放心购买"<br>"这件全棉卫衣适合秋天穿，前面是撞色图案，领口为几何型，板型中长，时尚百搭，尽显年轻活力"<br>"家人们，老粉都知道，我们这款商品一周就卖了××份，今天特地向厂家要了这些货，卖完就不知道什么时候能再拿货了" |
| 引导成交话术 | "7天无理由退货，前××名的观众还送运费险"<br>"想要的朋友们把你们想要的折扣发公屏上" |
| 促单话术 | "××号链接的优惠券数量有限，只有××个，这件衣服的这个颜色就只有最后××件了，卖完就没有了！"<br>"天猫旗舰店的价格是59.9元1瓶，我们今天晚上买2瓶直接减60元，相当于第1瓶60元，第2瓶不要钱（直播低价），再给你减2元（超值福利）！"<br>"这次活动的力度真的很大，您可以再加一套，很划算的，错过真的很可惜。这件商品还剩最后两套哦"<br>"不用想，直接下单，我们这里有折扣价格，以后可能会涨价" |
| 促付话术 | "先付先得、最后3分钟！最后3分钟"<br>"下单就抓紧时间付款啊，朋友们，机会难得，稍纵即逝"<br>"刚下单拼团商品的朋友们，3分钟没有付款的朋友们将失去预占名额哦"<br>"已经买到的朋友们，记得在公屏发送'买了'" |
| 结束话术 | "主播马上就要下播了，今天和大家聊得非常开心，明天晚上8点我在直播间等你们，你们一定要来赴约哦"<br>"本场直播就快要结束了，很舍不得朋友们，主播在这里很感谢朋友们这几个小时的陪伴，下场直播朋友们一定记得来哦，主播还有很多压箱底的福利要送给大家" |

## 经验之谈

促单话术的关键是要调动顾客"抢"的心态，把"物以稀为贵"的道理用一句话传递给顾客。即使是一个普普通通的商品或价格，也要让顾客感到这是一次难得的机会，从而促使顾客立即下单。

例如，"今天这款商品我们只卖5分钟，真的只有5分钟，到时间就会准时恢复原价，需要的朋友们千万不要错过！"这时候顾客考虑的就不是商品的需要性，而是如果不买的损失性，这就是直播客服促单话术需要营造的购买氛围。

## 3.6 本章实训

（1）说一说挖掘顾客购物需求的方法。

（2）说一说销售接待的流程。

（3）简述电话催付的要素。

（4）给自己的网店创建一个"单品宝"促销活动，优惠方式为促销价、包邮。

（5）图 3-44 所示为一则客服与顾客的对话场景，请分析客服所用的销售方法是否恰当。如有不当，又该如何改正？

图3-44　客服与顾客的对话场景

（6）直播客服可以通过哪些方法促成销售订单？

# 给顾客满意的
# 售中、售后体验

　　成功销售商品并引导顾客下单付款，并不意味着服务就此结束了，网店客服还需要继续为顾客提供服务，包括确认及核实订单信息、跟踪物流、查单、退换货、纠纷处理及顾客投诉处理等。一般情况下，好的售中服务会让顾客买得称心，好的售后服务会让顾客用得放心。由此可见，售中、售后服务既是网店客服工作中的重点，又是难点，需要网店客服在不断实践中积累经验，并灵活运用，以此来提升自己的服务技能。

- ● 做好售中服务体验
- ● 主动询问体验感受
- ● 售后服务的重要性
- ● 售后服务管理
- ● 顾客投诉处理
- ● 完善售后服务的标准流程
- ● 售后客服的话术分类

知识要点

　　《中华人民共和国电子商务法》的颁布有效地保障了顾客、电商经营者、平台经营者三方主体的合法权益，同时还明确规范了电子商务行为，为维护市场秩序、促进电子商务持续发展提供了保障。网店客服应严格遵守各项法律法规，以此来规范售中和售后过程中的服务行为。

- ● 网店客服要树立正确的行为规范。
- ● 网店客服的服务行为是有法可依的，相关从业人员一定要做知法、懂法、守法的人。

视野拓展

# 4.1 做好售中服务体验

案例导入

重视网店的
售后服务

从顾客进店下单购买商品开始，就会出现多个订单节点，也就是我们常说的订单状态。订单状态分为等待买家付款、买家已付款、卖家已发货、交易成功4个环节，每个环节都需要客服做相应的工作。而售中服务的内容主要是从买家已付款后开始的，主要包括订单确认及信息核实，联系快递公司，商品打包，及时发货并跟踪物流，短信通知发货、配送、收货5个方面。

## 4.1.1　订单确认及信息核实

扫一扫

订单确认及核实

顾客进店购买商品并完成付款后，下一个环节就是等待商家发货。在网店交易过程中，有不少订单是因为顾客地址错误或商品拍错而导致的退换货。因此，在发货前，客服要与顾客及时确认订单详情等信息。

售中客服可以直接使用千牛与顾客沟通确认，若有需要修改的信息，可以直接在千牛中进行修改。完成后再次进行确认，无误后则进行后续操作。下面以使用千牛与顾客确认收货地址为例，介绍订单确认及信息核实的方法，其具体操作如下。

**步骤 01**　顾客下单并付款后，千牛工作台会自动弹出"消息通知"对话框，提示客服主动与顾客确认订单信息，单击对话框右下角的 核对地址 按钮，如图4-1所示。

**步骤 02**　打开"接待中心"界面，在消息窗格的"客户订单"栏中单击 核对订单 按钮，订单信息将自动发送给顾客，请顾客核对订单信息如图4-2所示。顾客回复无误后，商家便可准备发货。

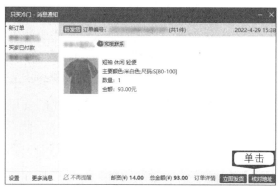

图4-1　单击"核对地址"按钮

图4-2　请顾客核对订单信息

## 4.1.2　联系快递公司

快递是联系网店和顾客之间的纽带，网店的正常运营离不开快递的支持，所以快递公

**090**　司十分关键。快递的安全性、速度是顾客重点关注的问题，也是客服需要特别注意的问题。那么，网店应该如何选择适合自己的快递公司呢？

- **了解自己所在区域有哪些快递：**一般来说，申通快递、顺丰速运、EMS（中国邮政）、圆通速递、宅急送、中通快递、韵达速递等，都是目前比较主流的快递。

- **选择安全性高的快递：**在商品运输环节中，让买卖双方都比较为难的就是快递的丢件和商品损坏，所以网店在挑选快递公司时应选择具有一定规模、网点分布较广的公司。这类快递公司发展较为完善，可以避免很多后顾之忧。

- **选择费用合理的快递：**本着节约的原则，物流环节的支出费用要尽量减少。"三通一达"（中通快递、圆通速递、申通快递和韵达速递）价格相差不大，价位中等；EMS（中国邮政）、顺丰速运价格较高。

- **选择发货速度较快的快递：**在网上购物的顾客通常对物流的速度非常在意。物流速度快，就会很容易赢得顾客的好感，留住顾客，将新顾客培养成为老顾客；反之，则容易引起顾客的不满甚至投诉。快递公司的时效体现在取件和配送两个方面。就目前来说，顺丰速运的速度比其他快递快，大多采用航空运输的方式。其实，就航空运输货物的速度而言，顺丰速运和"三通一达"相差不大，但其价格较高，所以在顾客不要求的情况下，大多不使用顺丰速运发件。

- **选择服务质量较好的快递：**顾客在购物的整个环节中都希望享受到优质的服务，快递环节也不例外。所以，网店在选择快递公司时要偏向于对快递人员工作监管较为完善的公司，选择具备服务行业精神、遵守服务行业准则的快递公司。质量好的快递服务会给顾客带来舒适的服务体验，从而增加顾客对网店的好感度。

网店可以根据以上标准选择一两家经常合作的快递公司，并根据顾客的实际需要进行考虑。若顾客处于较为偏远的地区或顾客指定某一家快递公司时，客服应在不损害顾客利益的前提下与顾客共同协商，并确定最终发货的快递公司。

确认好快递公司后，客服要及时通知快递公司前来取件，并向快递人员说明取件的内容，包括商品名称、重量、是否容易破损、变质等，方便快递人员判断取货时应该使用的工具、携带的面单数量、是否需要包装等。同时，为了保证商品能及时送到顾客的手中，客服要将加急件快递明确告知快递人员，并在加急件上加以备注；为了保证商品的安全，贵重物品可以选择保价服务，以保障顾客的利益。另外，客服还可以要求快递公司对商品进行保护性包装，并在包装箱上标注"易碎""轻放"等字样，叮嘱快递公司注意保护等。

### 经验之谈

　　保价服务是快递的一项增值服务，若快递丢失、损坏，则将得到保价范围内的赔偿；若没有保价，则赔偿的费用较低，往往只赔偿几倍的快递费用。因此，贵重商品建议客服添加保价服务。

### 4.1.3 商品打包

商品打包是指将商品包装后交给取件的快递人员。商品打包的重点是商品包装，它不仅方便物流运输，还是对商品在物流运输过程中的一种保护。商品包装一般需要根据实际情况而定，不同类型的商品有不同的包装要求。客服在打包商品时，要先了解商品打包的原则，并掌握常见的商品包装形式和包装方式，以提高物流质量，保障顾客权益。

#### 1. 商品打包的原则

不易拆封、无损商品、礼貌提示是商品打包的基本原则。

（1）不易拆封原则

为了减少商品在运输过程中因碰撞、甩撞而引起的损毁，商品的打包需要使用硬质、抗撕裂、抗戳穿的外包装，如纸箱、文件封、包装胶袋等。使用这些外包装后，还需要用胶带对其进行密封。在密封过程中，客服要将胶带缠于外包装的所有开口位置，这样既能避免商品在运输途中散落，又能预防被私自拆封等情况。以纸箱为例，商品的密封包装如图 4-3 所示。

图4-3 商品的密封包装

（2）无损商品原则

商品在运输过程中的损耗极大，尤其是一些易碎商品，所以客服在包装商品时，要预防商品在运输途中被损坏。因此，客服需要学习内包装的包裹方法，即在包装盒内放置一些具有缓冲效能的填充物，如珍珠棉、泡沫、纸卡等，让商品在包装盒内能够保持固定，如图 4-4 所示。

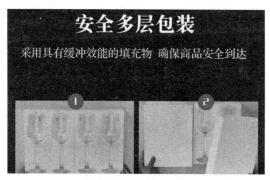

图4-4 商品的内包装

（3）礼貌提示原则

客服不能对运输商品的所有快递人员的工作进行追踪，那么又该如何将网店的要求传

092  递给他们呢？此时，客服可在外包装上贴上一些轻松、礼貌的温馨提示贴纸，如"加急""易碎品""辛苦您了"等话语，这样不仅能让快递人员感受到网店的诚意，还能将网店的需求第一时间传递给负责商品运输的快递人员，如图4-5所示。

图4-5  礼貌提示

### 2. 商品包装的形式

商品包装是商品的一部分，反映商品的综合品质，其一般分为内包装、中层包装和外包装。

● **内包装：** 内包装即直接包装商品的材料，主要有自封袋、热收缩膜和热收缩袋等。一般商品厂家已经进行了商品的内包装，如图4-6所示。

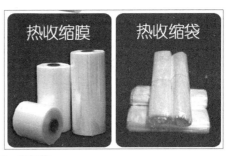

图4-6  内包装

● **中层包装：** 中层包装通常是指商品与外包装盒之间的填充材料，主要用于保护商品，防止运输过程中的商品损坏。报纸、纸板、气泡膜、珍珠棉、海绵等都可以用作中层包装。在选择中层包装时，客服可根据实际情况，灵活使用各种填充材料，例如，包装水果可选择网格棉。此外，珍珠棉和报纸也可用于其他小件商品的包装或作为填充材料使用，如图4-7所示。

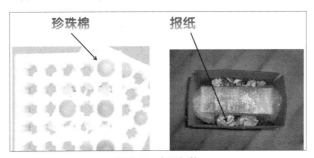

图4-7  中层包装

经验之谈

在包装商品时，有心的网店可使用个性化包装，或在包装箱上做一些贴心小提示，这样不仅可以迎合顾客的喜好，还可以提醒快递人员注意寄送，并趁机宣传自己的网店。

● **外包装：** 外包装即商品最外层的包装，通常以包装袋、编织袋、复合气泡袋、包装盒、包装箱、包装纸等为主，如图4-8所示。

图4-8　外包装

### 3. 商品的包装方式

不同的商品有不同的包装方式，客服在包装时可根据具体的商品来选择对应的包装方式。下面列举一些常用类型商品的包装方式。

● **服饰类商品：** 服饰类商品在包装时一般需要折叠，客服多用包装袋进行包装。为了防止商品褶皱，可用一些小别针来固定服饰，或使用硬纸板进行支撑；为了防水，可在服饰外包裹一层塑料膜，如图4-9所示。

图4-9　服饰类商品的包装

● **首饰类商品：** 首饰类商品可直接用大小合适的首饰盒进行包装；如果是易碎、易刮花的首饰，客服还可以使用一些保护材料对首饰进行单独包裹，如图4-10所示。

图4-10　首饰类商品的包装

- **液体类商品：** 化妆品、酒水等液体类商品都属于易碎品，要注意防震和防漏，并严格检查商品的包装质量。在包装这类商品时，客服可使用塑料袋或胶带封住瓶口以防止液体泄漏，用气泡膜包裹液体瓶子或在瓶子与外包装之间进行填充，如图4-11所示。

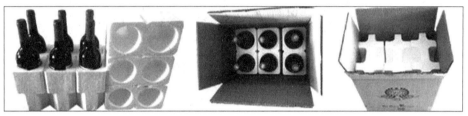

图4-11　液体类商品的包装

- **数码类商品：** 数码类商品一般价格比较昂贵，因此一定要注意包装安全。在包装这类商品时，客服需要使用气泡膜、珍珠棉、海绵等作为中层包装对商品进行包裹，同时还需要使用抗压性较好的包装盒作为内包装，最后使用纸箱作为外包装，避免运输过程中商品被挤压损坏，如图4-12所示。另外，建议对数码类商品进行保价，并提醒顾客验货后再确认签收。

图4-12　数码类商品的包装

- **食品类商品：** 食品类商品的包装必须注意包装材料的安全性，即包装袋和包装盒必须清洁、干净、无毒。部分食品的保质期较短，对温度的要求也较高，所以客服在包装这类商品时要注意包装的密封性，也可抽真空后再进行包装，如图4-13所示。需要注意的是，这类商品在收到订单后应尽快发货，尽量减少物流时间，确保食品质量。

图4-13　食品类商品的包装

- **书籍类商品：** 书籍类商品的防震、防压性都比较好，主要是注意防水、防潮的处理，一般可使用包装袋或气泡袋进行封装，再使用牛皮纸或纸箱进行打包，如图4-14所示。

图4-14　书籍类商品的包装

- **特殊商品的包装：** 对于某些特殊的商品，如海鲜、植物、肉类、水果、奶类商品及医药、化学等商品而言，需要为其进行特殊处理。此外，这类商品对包装和运输的环境要求非常高，一般会交给专业的快递人员进行包装，以保证商品的使用价值。一般情况下，会采用可保持商品于指定温度范围内的冷冻材料进行包装。如果商品需冷藏于0℃～16℃的环境中，则会使用啫喱状冷冻剂；若需冷冻商品，则会使用干冰。同时，还会使用防漏塑料袋和塑料包装箱等重新加固，以保证商品运输的安全。

## 4.1.4　及时发货并跟踪物流

扫一扫

及时发货并跟踪物流

联系快递公司并打包商品后，待快递人员取货成功，就意味着商品已进入物流运输阶段。此时客服要在淘宝网后台中设置商品发货，并告知顾客商品已正常发货。如果商家迟迟不发货或延迟发货，则将承担相应的损失。淘宝网要求，顾客付款后，商家要在72小时内完成发货；特殊情况下，如"双十一"期间，商家需要告知顾客延时发货。否则，淘宝网会认为商家妨碍顾客高效购物的权益，对商家进行扣3分的处罚，并向顾客赔偿商品实际交易金额的5%（最高不超过30元）。

客服在千牛工作台中联系快递公司后安排发货，其具体操作如下。

**096** **步骤 01** 登录千牛工作台首页，在左侧列表中单击"交易"按钮 ▤，如图 4-15 所示。

图4-15　单击"交易"按钮

**步骤 02** 在交易状态为"等待发货"的订单中单击 发货 按钮，如图 4-16 所示。

图4-16　单击"发货"按钮

**步骤 03** 打开"开始发货"页面，确认收货信息及交易详情、发货/退货信息无误后，在"3.选择发货方式"栏中单击"自己联系物流"选项卡，在下方输入运单号，并选择快递公司，然后单击 确认并发货 按钮，如图 4-17 所示。

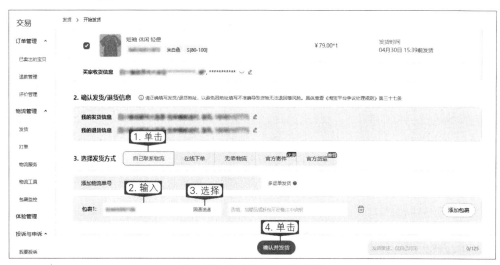

图4-17　选择快递公司并发货

**步骤04** 打开"已发货"页面，提示商家已成功发货，如图4-18所示。另外，客服还可在 **097** 其中修改单号及查看物流详情。

图4-18 发货成功

**步骤05** 返回"已卖出的宝贝"页面，在其中可以看到该笔订单的交易状态已变为"卖家已发货"，如图4-19所示。

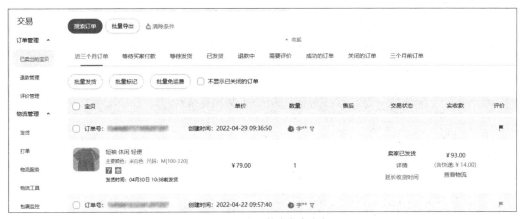

图4-19 交易状态发生改变

## 经验之谈

淘宝网提供了"自己联系物流""在线下单""无须物流""官方寄件"和"官方货运"5种发货方式。若商家有自己熟悉的快递公司，则可选择自己联系快递公司，以节约时间成本；若商家不想劳心费力地选择快递公司，则可选择"在线下单"方式，通过大数据运算和分析为自己推荐时效、服务等综合指标较优的快递公司；若所售商品为虚拟产品，如话费、游戏点卡等，则可选择"无须物流"方式；若希望快递公司自己上门取件，则选择"官方寄件"或"官方货运"方式。

**步骤06** 发货成功后，客服还要及时跟踪物流信息，保证物流进度正常。打开"已卖出的宝贝"页面，在该笔订单右侧单击"详情"链接。

**098**

**步骤 07** 打开"物流详情"页面，单击"收货和物流信息"选项卡，在其中可查看该笔订单的包裹信息，如图 4-20 所示。

图4-20　查看当前订单的包裹信息

**步骤 08** 客服知悉物流进度后，便可回复顾客了，具体如下。

- "亲，商品已经到达您所在城市了，现在正在派送哦！"
- "亲，商品已经在路上了，请耐心等待，不日将会送到您的手中。"
- "亲，商品物流一切正常，2 天内应该可以收到哦！"

## 4.1.5　短信通知发货、配送、签收信息

客服完成了商品的发货后，还需要对订单进行跟踪。整个物流过程有 3 个重要环节，分别是订单发货、订单配送及订单签收，客服需要将这 3 个环节的信息及时告知顾客。那么客服应该选择哪种信息传送方式呢？移动电话是大家普遍使用的，具有接收信息的便捷性与时效性，因此，客服可以选择以短信的方式告知顾客商品的物流信息，如图 4-21 所示。

图4-21　短信通知发货信息、配送信息、签收信息

## 4.2 主动询问体验感受

顾客的信息反馈环节是商品服务管理中非常关键的一环。顾客收到商品后，绝不意味着客服工作的停止，收到的商品是否完整、商品使用是否正常、对商品是否满意等问题都是客服应该主动向顾客询问的。

### 4.2.1 主动询问商品使用情况

主动询问不仅可以让顾客感受到客服的专业性、网店对顾客评价的关注，还能让顾客觉得自己受到了重视。顾客在收到商品后，通常会开始使用商品，因此，在顾客收到商品的一个星期内，客服可以通过阿里旺旺以轻松、愉快的聊天方式询问顾客的商品使用情况，具体如下。

> ：亲，衷心感谢您对小店的支持，上次您在我们店购买的电饭煲用起来怎么样啊？
>
> ：亲，您还没告诉我上次购买的坚果好吃吗？
>
> ：亲，您的商品显示已经签收啦，请您仔细检查商品是否完整，如果有问题您可以告诉小新哟。

主动询问顾客商品的使用情况可以让顾客感受到网店对自己的关注，即便商品存在一些小瑕疵、小问题，客服的主动询问也会让顾客的愤怒感降低，顾客甚至会因此忽略商品存在的小问题。

### 4.2.2 及时反馈信息并进行调整

市场是商家选择出售商品类型的重要因素，而顾客则是商家调整经营模式的重要依据。在搜集顾客的意见之后，商家有则改之，无则加勉，并根据顾客的需要调整自己的商品，以便良性、持续发展。

例如，某品牌客服从顾客的反馈信息中得知了自家床头柜商品客观上存在影响顾客使用的瑕疵，便及时向网店进行了反馈，然后网店立刻联系工厂改进生产工艺，改善商品的质量。及时反馈顾客信息（见图4-22），最终能促进商品的销量增长。

另外，客服还可以对顾客的建议系统地进行记录（见表4-1），为日后改善商品质量提供依据。

图4-22　及时反馈顾客信息

表4-1　顾客建议记录表

| 顾客 ID | 购买时间 | 所购商品 | 反馈及建议 |
|---|---|---|---|
|  |  |  |  |
|  |  |  |  |
|  |  |  |  |

## 4.3　售后服务的重要性

　　大部分网店为售前工作做了充分的准备，而忽视了售后工作的重要性，他们希望在交易完成后就不再和顾客发生任何联系了。但这种思维在当前及以后的电子商务市场中是错误的。在未来的电子商务市场中，售后服务会直接影响网店的整体销量，其重要性是不言而喻的。

### 学思融合

　　**课堂活动：** 近年来，我国电子商务发展保持着快速增长的态势，在电子商务市场中，网店竞争制胜的关键就是不断挖掘并提升顾客价值、不断提高客服业务水平、不断增强顾客满意度。作为一名网店客服，遇到售后问题是不可必免的，请大家讨论并简要说明处理售后问题的基本步骤及态度。

　　**活动分析：** 从大家的讨论结果不难看出，售后问题可分3步解决。首先，致歉安抚顾客并建议顾客停止使用该商品；其次，对顾客表示关心；最后，从顾客的角度出发，告知顾客初步的解决方案，并主动致电顾客处理结果。由此可见，网店客服的整个售后处理方式较为不错，但仅处理好售后问题还不够，客服还应在售后过程中挖掘顾客深层次的需求，以此来提高顾客满意度。这就要求客服树立正确的服务思想、强烈的服务意识，即以满足顾客需求为出发点，为顾客提供个性化服务，真正做到以人为本。

### 4.3.1　提高顾客满意度

　　在商品交付顾客之前，顾客只能感知商品价值，而对商品价值的体验和确认是发生在交付商品之后的，所以此时售后客服就承担着跟踪反馈顾客对商品价值体验的责任。所以说，售后客服是网购模式下品牌价值的维护者。

　　另外，在电商环境中，比价系统极其发达，网店仅凭商品本身的优质很难胜出，而良好的售后服务是决胜的法宝之一。在整个线上交易过程中，售前、售中、物流等环节都难免会发生一些小问题，当问题发生时，顾客的满意度很有可能会降低，如果此时售后服务不及时，将导致网店服务评级降低，网店负面评价增加，投诉、纠纷率上升，严重的还会影响品牌及企业形象。

在互联网飞速发展的今天，口碑已成为品牌企业及网店的重要命脉之一，因此，维护口碑就变得尤为重要。客服做售后服务，是为了让顾客不满的情绪得到发泄和缓解，为顾客提供尽量完美的购物体验。客服做好售后服务，顾客的满意度自然就会提高，DSR 也会随之提高。图 4-23 所示为淘宝网某网店的 DSR 值。

图4-23　淘宝网某网店的DSR值

## 4.3.2　留住并维护顾客

部分顾客在首次购买商品时出现了不满意的购物体验，从而导致不会再复购商品，严重的还会把其不满意的购物体验进行传播，这将严重影响网店的品牌形象。

在网络交易过程中，如果顾客产生了不满意的购物体验，其第一时间想到的就是在线联系售后客服，此时，售后客服就起到了至关重要的作用。优质的售后服务不仅可以解决前期产生的不愉快，还可以成功留住顾客，将其转化为网店的忠实顾客。因此，做好售后服务可以提高顾客的复购率，如图 4-24 所示。

图4-24　提高顾客的复购率

### 4.3.3 降低网店的负面影响

如果客服没有进行有效的售后服务管理，那么就很有可能导致网店受到降分、商品下架、限制活动及屏蔽等处罚，严重时还会导致网店被封。因此，只有将售后服务把控好，才能使网店规避风险，把负面影响降到最低，从而提高顾客的满意度。

## 4.4 售后服务管理

一个运营良好的网店背后一般都有一套完善、科学的售后服务体系，该售后服务体系主要包括查单、查件、退货、换货、退款、纠纷处理等内容。下面对售后各阶段的服务内容进行讲解。

### 4.4.1 查单、查件

顾客在完成付款操作后，经常会遇到各种与物流相关的问题，需要向售后客服咨询。常见的与物流相关的问题主要是查单、查件的售后问题，如图 4-25 所示。

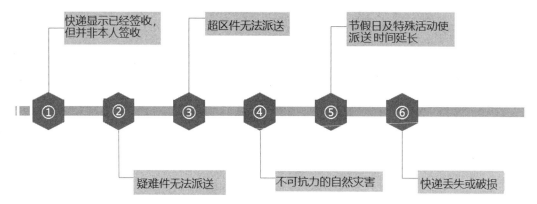

图4-25 查单、查件的售后问题

当售后客服遇到顾客因以上问题产生疑虑或不满时，首先要摆正心态。很多顾客只是对自己不清楚、不明白的问题进行咨询，所以此时客服要耐心倾听、快速反应、帮助顾客解决问题。针对上述常见的查单、查件的售后问题，下面逐一分析应对方法。

**1. 快递显示已经签收，但并非本人签收**

在整个线上交易的过程中，出现次数较高的问题就是快递显示已签收，但并非本人签收。出现该现象的原因有可能是快递送到了物业、门卫处，也可能是由于收件人在快递派送期间无法签收而由其他人代签收。当顾客向客服咨询这类问题时，客服首先要表明自己负责的态度，并向顾客说明这是常见的问题，然后积极联系快递公司，查询实际收件人，并及时向顾客反馈。

### 2. 疑难件无法派送

疑难件无法派送也是常见的售后问题之一。在快递派送过程中，由于地址错误或联系不到顾客等原因，快递无法派送到顾客手中，而顾客由于长时间收不到快递或查看物流状态显示为疑难件，便会咨询客服。当遇到类似情况时，客服要及时将顾客填写的收货信息，如手机号码、收件地址等反馈给快递公司，督促其及时派送。

### 3. 超区件无法派送

部分顾客所在的地区较为偏远，没有设置快递派送的服务网点，且未开通快递送货上门服务，在这种情况下，如果出现售后问题，客服就需要与顾客确定以下两点。

● 是否可以加钱送货或转其他快递公司。如果可以，为了提高顾客的满意度，客服可以选择这种方法解决。

● 是否可以自提。在路途不远的情况下可以和顾客协商，让顾客去服务网点自提。

为了避免出现无法派送的情况，客服在做售前工作时，务必仔细核对快递是否可以到达所寄地址。

### 4. 不可抗力的自然灾害

由地震、洪水、暴雪等气候原因造成的特殊情况属于不可抗力情况。当出现这种非人为因素造成快递不能及时派送的情况时，客服首先要密切关注事态的发展，及时和收件人取得联系、说明原因，并把最新动态分享给顾客。如果确实是网店不能解决的问题，则要努力寻求顾客的谅解，并跟进最终的解决方案。

### 5. 节假日及特殊活动使派送时间延长

在"6·18""双十一"等规模较大的促销活动期间，网店会在短时间内产生大量的商品交易，经常有快递爆仓的现象发生，此时快递的送达时间有可能会比预期晚，顾客会因此向售后客服进行咨询。此时客服应如实回答快递未按约定时间到达的原因。

### 6. 快递丢失或破损

由于快递或第三方不可控因素，快递在运送过程中丢失和破损，这也是网店经常遇到的问题。顾客因出现上述情况而进行咨询时，往往容易产生急躁、不满的情绪，此时客服要先安抚顾客的情绪，然后及时和快递公司确认情况。如果情况属实，客服就要及时回复顾客，并做好后续的补发工作。

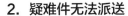
**经验之谈**

当网店出现错发商品的情况时，如果顾客能接受，那么售后客服应给予顾客一定的补偿，尽量减少顾客的损失，让顾客有一个良好的购物体验；如果顾客不能接受，则应请顾客寄回商品，并主动承担运费，然后重发正确的商品。

104

## 4.4.2　退货、换货

退货、换货是指顾客收到商品后，由于商品的大小、颜色、款式不合心意，以及错发商品、7天无理由退换货等原因，要求网店退换商品。其中，换货可分为同款换货和不同款换货。一般来说，退换货的相关信息会在商品详情页中有所说明，如图4-26所示。

图4-26　退换货的相关信息

### 1. 退货

当遇到退货的情况时，客服首先应查明退货原因，及时为顾客解决问题，然后尽量挽留或引导顾客取消退货。以下是客服引导顾客取消退货的案例。

> 这衣服是什么质量啊！才穿2天就破了，赶紧给我退了！
>
> 亲，麻烦您提供一下照片，方便我核实哦！
>
> 这可能是缝制不太精细造成的，您看这样行吗？您自己缝一下或去当地裁缝那里缝一下，我这边给您发放补偿红包。
>
> 那行吧！

从上面的对话可以看出，顾客所购商品出现了质量问题，要求退货。在这种情况下，客服要先要求顾客提供证据，再给出处理方案。这个方案的目的是引导顾客取消退货，若顾客同意，则该笔订单会正常完成；若顾客不同意，仍坚持退货，客服也要满足顾客的要求。

### 2. 换货

如果遇到发错货、商品质量问题、7天无理由退换货等原因导致顾客要求换货时，客服可根据顾客要求先查明原因，如果符合换货条件，则立即为顾客换货，同时做好备注。以下是两个不同原因的换货案例。

> 我要的是S码，怎么给我发成M码了呀？
>
> 亲，真是抱歉😄！麻烦您先拍个照片给我看一下，如果发错的话，我这边马上安排重发S码，请您先把M码的裙子退回来可以吗？麻烦您了🎤！
>
> 我先拍照给你。

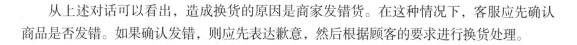

从上述对话可以看出，造成换货的原因是商家发错货。在这种情况下，客服应先确认商品是否发错。如果确认发错，则应先表达歉意，然后根据顾客的要求进行换货处理。

> 🧑：在吗？快递收到了，但我觉得这个黑色的牛仔裤和我的衣服不太搭配，可以给我换成蓝色的吗？
>
> 🧑：可以的亲。请保证商品的包装、吊牌完好，且商品也没有清洗过哦！同时写清楚您的旺旺ID、联系方式、换货原因，然后寄到××地址。我们为您的商品投付了运费险，但需要您先行垫付运费。我们收到商品后会支付您运费，谢谢🌏！

从上述对话可以看出，造成换货的原因是顾客想要另一种颜色。在这种情况下，客服应该同意换货，并说明换货的条件。

### 经验之谈

买卖双方达成换货协议后，如果商家收到顾客退回的商品后，逾期未再次发货，则电商平台有权退款给顾客。

## 4.4.3　退款

退款是指网店发出商品后，顾客在收到或未收到商品时，对商品感到不满意，要求网店退还所支付的金额。如果顾客已经收到了商品，则应将商品退还网店。根据电商平台对商家提供的退款处理办法，退款问题主要分为以下5类，每一类问题都有相应的处理办法和后续建议，如表4-2所示。

表4-2　退款问题和相应的处理办法及后续建议

| 常见问题 | 处理办法 | 后续建议 |
|---|---|---|
| 商品破损、丢件等问题 | （1）联系顾客提供实物照片，确认商品情况；<br>（2）向快递公司核实快递签收人；<br>（3）如果非本人签收，且没有顾客授权，客服可直接给顾客退款，并联系快递公司协商索赔，避免与顾客产生误会 | （1）发货前严格检查商品的质量；<br>（2）选择服务品质高、签收操作规范的快递公司；<br>（3）提前约定送货过程中商品破损、丢件等损失的承担人 |
| 质量问题 | （1）联系顾客提供实物照片，确认问题是否属实；<br>（2）核实进货时的商品质量；<br>（3）如果确认商品问题或无法说明商品是否合格，客服可以与顾客协商解决，如退货退款 | （1）重新选择优质的进货来源；<br>（2）保留好相关的进货凭证 |

续表

| 常见问题 | 处理办法 | 后续建议 |
| --- | --- | --- |
| 描述不符 | （1）核实商品详情页的描述是否有歧义或是否有容易让顾客产生误解的信息；<br>（2）核实是否发错商品；<br>（3）如果描述有误或发错商品，客服可以与顾客协商解决，如换货、退货、退款等，避免与顾客发生争执 | （1）确保商品描述通俗易懂，避免顾客产生歧义；<br>（2）确保发出的商品与顾客购买的商品一致 |
| 收到假货 | （1）核实进货时的商家是否具备相应资质；<br>（2）如果无法确认商家资质，客服可以与顾客协商解决 | （1）选择有品牌经营权的供应商；<br>（2）保留好相关的进货凭证或商品授权书 |
| 退运费 | （1）核实发货单上填写的运费是否少于订单中顾客所支付的运费；<br>（2）如果有误，客服应将超出部分的金额退还顾客 | 运费模板要及时更新，如果有特殊情况，则应及时在阿里旺旺中通知顾客 |

当遇到退货退款的情况时，客服应该根据顾客的要求查明原因，掌握顾客的实际意图，找到问题并解决问题。对于可退可换的顾客，客服可在与其联系沟通后将退货转化为换货，以减少退款率。以下为将退货转化为换货的案例。

> 这衣服的颜色怎么与图片上的差别那么大啊😖，我要退货退款！
>
> 亲，我们是专门请摄影师拍摄的图片哦。有时会因为显示器的亮度调节不同而导致出现色差，但我们已经把色差降到了最低。如果亲确实不喜欢，我可以帮您换一件，但是需要提醒您一下，由于拍摄、显示器等原因，网店里的商品都避免不了会有色差哦！

## 4.4.4 纠纷处理

纠纷是指买卖双方就具体的某事 / 某物产生了误会，导致双方协商无果。当网店出现纠纷时，客服首先要确认产生纠纷的原因，并根据具体原因与顾客协商解决，尽自己最大的努力去化解网店的危机。

### 职业素养

"人无远虑，必有近忧"，此话意在告诉人们做事要周密，长远谋划，才能防患于未然。客服在面对纠纷时，要有意识地增强自身的忧患意识与危机意识，做到透彻分析顾客对所提供商品或服务产生抱怨或质疑的原因，力求从顾客的不满意中获得更多的改善意见，从而做到未雨绸缪、防微杜渐，化纠纷为动力，化危机为契机。

### 1. 确认纠纷的原因

在交易已经完成的情况下，顾客与网店产生纠纷的原因主要有以下4种，如图4-27所示。

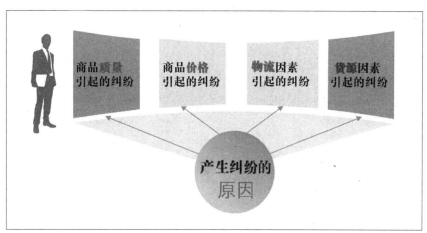

图4-27　产生纠纷的原因

（1）商品质量

商品质量是顾客衡量商品使用价值的标准，具体是指商品本身规定或潜在要求的特征。产生商品质量纠纷的主要原因包括外观质量、使用质量和顾客的心理预期3个方面。

①外观质量。外观质量主要表现为商品的光洁度、造型和颜色等方面，是顾客在收到商品后能够通过肉眼直接识别的。网购商品的外观质量可分为商品缝制质量、商品颜色偏差和商品局部瑕疵3个方面。以下为客服与收到瑕疵商品的顾客的对话场景示例。

> 😠：我在你家买的手机，收到货后发现手机背面有一道划痕，这样的商品我肯定不会确认收货的，你必须想办法解决，否则我就要投诉你！
>
> 😊：亲，有划痕的确很抱歉，我们将无条件为您退换货，请您放心，我们一定给您一个满意的回答。
>
> 😠：那我就把商品退还给你，你另外再发我一个吧。
>
> 😊：好的，亲，请将商品寄至……处，我们会第一时间为您处理。这个事情给您添麻烦了，再次向您表达深深的歉意。

②使用质量。使用质量即商品使用过程中表现出来的质量问题，这将直接影响顾客对商品的使用。顾客在使用商品时一般会注重商品的耐用性、便捷性、可靠性等。顾客始终坚信高质量的商品应该使用方便、可信度高，而且使用效果好。以下为客服与收到过期商品的顾客的对话场景示例。

108

> 👧：我收到了你家寄来的饼干，刚开始吃还没注意，今天无意间看到包装上写的保质期都已经过了半个月了，过期的东西还卖给我？
>
> 😊：实在抱歉😄，我这边立即通知仓库重新盘货，清理问题商品，避免再次出现类似的问题。亲，您看这样行不行？我立即给您退款并送您一张无门槛的优惠券，实在很抱歉，给您带来这样的麻烦。
>
> 👧：那就给我退款吧，你们以后一定要注意这种问题！
>
> 😊：嗯嗯，一定会的，我们这边以后会经常清理库存，避免再次发生这样的事情，同时也非常感谢您的理解～😊

③顾客的心理预期。由于网购的特殊性，顾客只能通过网店所提供的商品信息、图片信息、买家秀等途径来建立自己对商品的期望值，顾客对商品的这份期望值就称为顾客的心理预期。如果实际收到的商品远低于顾客的心理预期，就会给顾客造成较大的心理落差，从而引发纠纷。因此，适度降低顾客的心理预期可以帮助网店规避一定的责任。图4-28所示的详情页信息不仅能让顾客感受到网店的诚实，还能让顾客对商品的瑕疵有一定的心理承受力。

（2）商品价格

价格是顾客在整个购物过程中较为关注的内容，如果顾客购买的商品突然降价，而且降价幅度还很大，那么顾客肯定会不高兴，认为商家不诚信，从而要求补差价，甚至还可能会投诉商家。当顾客咨询商品且有意愿购买时，客服要如实告知顾客网店的最新活动，让顾客选择购买时间，提前预防因价格原因造成的纠纷。

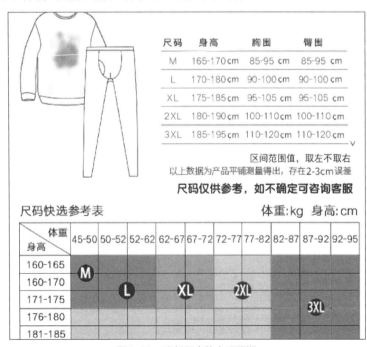

图4-28　降低顾客的心理预期

（3）物流因素

当客服成功地将商品销售给顾客，且顾客下单付款后，商品便进入了物流环节，此时将由售后部门确认订单、打包装箱，并通知快递公司发货。在这个环节中，快递公司的操作是不受网店控制的，也因此引发了一些因物流因素而造成的纠纷，如发货延迟、物流速度太慢、货物破损等。

（4）货源因素

顾客下单并成功付款后，商家才告知顾客货源出现了问题，不能及时发货或者没货。在这种情况下，顾客会感到十分不满，进而引发纠纷。网店常见的货源问题主要包括缺货和断货两个方面。

①当网店商品缺货时，客服需要对再生产该商品所用的时间有预估，并且将预估的时间如实告知顾客。若顾客无法接受等待的时间，则需要为顾客进行换货或退款处理。以下为客服处理网店商品缺货时的对话场景示例。

> 🤵：亲，非常抱歉，您下单的这件衣服现在已经没有货了。您可以看一下这件哦，这两件衣服的质量都是非常不错的，款式和价格也差不多呢……
>
> 👧：但我还是喜欢刚刚下单的那件。
>
> 🤵：亲，我和工厂那边确认了一下，您想要的这件衣服正在加班赶制中，要等到后天才能为您打包发货，那您是否愿意多等两天？
>
> 👧：可以。

②断货在网店的清仓活动中表现得尤为突出。由于网店在清仓活动中客流量大、销量大，客服未及时与工厂仓库取得联系或实时确认商品数量，导致顾客拍下商品后才发现存在断货的情况。客服在面对因断货而产生的纠纷时，一定要及时向顾客道歉并说明情况，然后进行退款或换货处理。

### 2. 纠纷处理流程

纠纷处理是一个技巧性比较强的工作，需要长时间的经验积累，它能够最大限度地锻炼客服的心理承受能力和应变能力。在处理与顾客之间的纠纷时，客服应坚持有理、有节、有情的原则，然后按照图4-29所示的流程进行处理。

图4-29 纠纷处理流程

（1）倾听

如果顾客在收到期待已久的商品时，发现商品实物和自己的心理预期相差甚远，就会

**110** 找到客服抱怨其对商品的不满。此时，客服要耐心倾听顾客的抱怨，在顾客的陈述中判断问题的起因，抓住关键因素，并给予顾客发泄的机会。

（2）分析

客服认真倾听顾客的抱怨后，还需要对顾客所抱怨的内容进行分析、归纳，找出顾客抱怨的原因。顾客抱怨的主要原因如图 4-30 所示。

图4-30　顾客抱怨的主要原因

（3）解决

在了解顾客抱怨的真实原因后，客服就要竭尽全力地为顾客解决问题，这也是处理纠纷的关键步骤。首先，客服要安抚顾客的情绪，创造一个和谐的对话环境；然后，针对顾客所描述的情况进行分析，弄清起因并给出相应的解释，请求顾客的理解；最后，向顾客提出解决方案，努力与顾客达成共识。

①网店的责任。由于网店在销售商品或客服提供服务环节的疏忽而造成顾客精神与财产损失的，网店应该承担主要责任，让纠纷得到妥善解决。解决纠纷的方法：主动承担责任、诚挚地道歉；主动退换货，并承担来回的运费；给予顾客一定的补偿，如赠送优惠券、升级 VIP 等。

②快递公司的责任。快递公司的任务就是将顾客在网店购买的商品安全地运送到顾客手中。商品在运输过程中无法被买卖双方监管，而途中出现的意外将会影响顾客的购买体验，如丢件、商品受损等。当顾客向客服抱怨这些问题时，客服要主动联系快递公司，弄清快递在运输过程中出现的问题，并要求快递公司进行赔偿，向顾客赔礼道歉并补发商品。

③顾客的责任。在商品交易过程中，不可避免地会因为顾客的操作不当、顾客恶意损坏、顾客心理期望值过高等原因引起交易纠纷。在面对上述几种情况时，客服应从网店的利益出发，让顾客承担纠纷中的主要责任，不能一味地忍让和纵容。

（4）记录

与顾客就纠纷事宜的解决方案达成一致后，客服要及时对其进行记录，总结顾客抱怨的原因、纠纷的严重性、纠纷的解决方案等。这些记录不仅可以为客服积累处理纠纷的经验，还可以帮助网店的各个部门反省，检查自己的工作是否到位。客服在记录顾客纠纷与处理方案时可以参考表 4-3 来执行。

表4-3　顾客纠纷处理表

| 顾客昵称 | 处理时间 | 所购商品 | 抱怨原因 | 责任认定 | 处理方案 | 顾客满意度 |
|---|---|---|---|---|---|---|
|  |  |  |  |  |  |  |
|  |  |  |  |  |  |  |
|  |  |  |  |  |  |  |
|  |  |  |  |  |  |  |

（5）跟踪

一名优秀的客服除了能顺利解决纠纷并提出顾客认可的解决方案外，还需要对纠纷处理的情况进行跟踪调查，如告知顾客纠纷处理的进度、了解顾客对纠纷处理的满意度等。

① 告知顾客纠纷处理的进度。对顾客采取什么样的补救措施、现在进行到了哪一步等，客服都应该及时告知顾客。当顾客认为所提出的解决方案得到了落实，商家也十分重视的时候，顾客才会放心。

② 了解顾客对纠纷处理的满意度。在解决纠纷后，客服还应该进一步询问顾客对此次的解决方案是否满意、对执行方案的速度是否满意等，这些弥补性的行为可以让顾客感受到网店的诚心和责任心。

### 3. 严重退款纠纷

严重退款纠纷是指顾客在申请退款后发现商家不同意退款，遂要求电商平台介入的情况。图 4-31 所示为顾客要求淘宝客服介入的情况。当淘宝客服介入后，无论怎样判决，都会产生退款纠纷。严重的退款纠纷将涉及网店的纠纷退款率和相关的淘宝处罚。

图4-31　顾客要求淘宝客服介入

### 4. 未收到货纠纷

商品的运输时间受多方因素的影响，且网店无法控制。如果此时遇到了顾客提出的未收到货的纠纷，客服就需要通过物流信息来判断该纠纷的责任属于顾客还是商家。

**112**　　　淘宝争议处理规范中明确说明：商家按照约定发货后，收货人有收货的义务；收货人可以本人签收商品或委托他人代为签收商品，被委托人的签收视为收货人本人签收。具体来说，商品在收货人或者得到收货人授权的签收人、签收地签收之前，商品产生的任何风险都由商家负责向承运的快递公司索赔；而商品一旦被收货人或者得到收货人授权的签收人、签收地签收，则商品风险将转移至收货人。

（1）顾客未签收

如果物流信息上显示顾客已签收，而顾客却说自己未签收，那么此时就需要快递公司提供签收底单来进行判定。图4-32所示为客服与未收到货的顾客的对话场景示例。

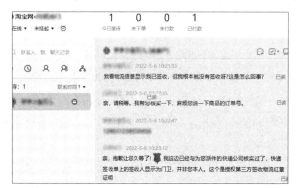

图4-32　客服与未收到货的顾客的对话场景示例

从聊天内容可知，商品并非顾客本人签收，而是由顾客授权的第三方签收的，并且快递公司也提供了授权第三方签收物流的红章证明，所以此商品风险要由顾客承担。

（2）顾客签收后发现少货

顾客在签收快递时没有打开包装检查商品，待回家后才发现商品少件。遇到这种情况时，客服应该第一时间与派送的快递公司取得联系，确认签收人与顾客订单上的收货人是否一致，然后再要求当地快递公司提供顾客本人签收的底单。图4-33所示为客服与签收后发现少货的顾客的对话场景示例。

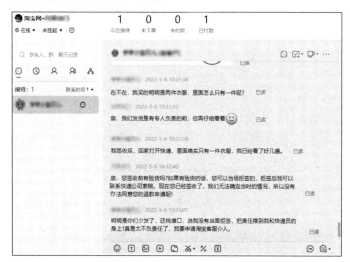

图4-33　客服与签收后发现少货的顾客的对话场景示例

从聊天内容可知，商品由顾客本人签收，商品风险就要由顾客本人承担，所以此时顾客申请客服介入也是没有用的。

### 5. 货不对板纠纷

货不对板纠纷主要分为商品与描述不符或品质不符、销售假货、赠品纠纷3种情况。下面介绍各种货不对板纠纷的处理方法。

（1）商品与描述不符或品质不符

淘宝网关于商品与描述不符或品质不符有明确的规定。商品与描述不符或品质不符是指顾客收到的商品或接受的服务，或经淘宝网抽检、排查到的商品或服务，与网店描述不符或不符合国家标识标签相关标准及平台相关管理要求，损害顾客权益的行为，包括以下9种情形。

- 对顾客正常使用商品或接受服务不会造成实质影响的，品牌描述不当的除外。
- 淘宝网通过信息层面判断实际商品或接受服务与描述不一致的，品牌描述不当的除外。
- 标识标签中内容的标注形式不符合国家规定的。
- 将对或已对顾客正常使用商品或接受服务造成实质影响的，如夸大、虚假、材质不符等情形。
- 品牌与描述不当的。
- 大量出现"品质不合格情节轻微"情形的。
- 对顾客人身、财产造成损害的。
- 顾客收到的实物与网店描述的材质完全不符的。
- 大量出现"描述不当情节一般"情形的。

经核实，商品存在质量问题或与描述不符的，此次交易进行退货退款处理。图4-34所示为客服与商品描述不符申请退款的顾客的对话场景示例。

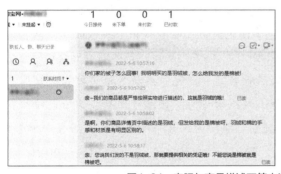
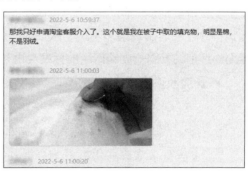

图4-34　客服与商品描述不符申请退款的顾客的对话场景示例

从聊天内容可知，顾客直接申请了淘宝客服介入。淘宝客服将根据商品的进货凭证（品牌授权凭证和进货发票）与顾客反馈材质不符的凭证判断责任方。若证实商品确实存在棉被充当羽绒被的情况，则会根据淘宝规则对网店进行以下处理：此次交易支持退货退款，网店承担来回运费，并且每次下架商品、删除商品、延长交易账期、支付违约金等情

**114** 况时均需支付平台 1200 元。

（2）销售假货

淘宝网是严令禁止销售假货的。出售假冒商品是指网店出售假冒注册商标或盗版的商品。淘宝网针对出售假冒商品实行"三振出局"制，即网店每次出售假冒/盗版商品的行为记为一振，若同一网店出售假冒/盗版商品累计达三振，将被永久查封账户。一旦顾客提出假货纠纷，网店不仅要全额退款，还将面临平台的处罚。因此，网店千万不要冒险销售假货。

（3）赠品纠纷

部分客服可能会很困惑：为什么顾客会因为赠品问题而与自己发生纠纷呢？实际上，站在顾客的角度来看，虽然赠品是免费的，但"羊毛出在羊身上"，他们的付款金额里有一部分是赠品的费用，所以顾客可能会对赠品有所期待和要求。因此，客服遇到赠品纠纷也就不难解释了。

遇到赠品纠纷时，客服可以从以下 3 个方面着手解决。

● 保证赠品的库存数量充足，严格按照订单的约定发货。若无法按约定发放赠品，则发货前应与顾客沟通，征求顾客的意见。

● 网店应在商品详情页里提醒顾客，赠品属额外礼物，请不要提出赠品纠纷；若顾客介意，则提醒顾客勿拍等。这个提醒可以在一定程度上降低顾客因赠品而提出纠纷的概率。

● 如果顾客因为赠品提出纠纷，客服就需要提供发货前与顾客协商的沟通记录，提供商品详情页有关赠品的说明等信息，第一时间安抚顾客的情绪，同时引导顾客取消纠纷。

### 6. 严重的投诉与维权纠纷

严重的投诉与维权纠纷是指对商品存在的争议较大，而买卖双方的争议点依然集中在发货、换货、退款等问题上。对于这些问题，双方各执一词，再加上客服与顾客的交流不顺畅，导致顾客出现诸多不满，从而申请淘宝客服的介入。一旦投诉、维权成立，网店将会面临严重的处罚。处罚网店的标准会由顾客提出的投诉原因决定，具体内容如下。

● **骚扰他人维权：**骚扰他人是指对他人实施辱骂、诅咒、威胁等语言攻击或采取恶劣手段对他人实施骚扰等妨害他人合法权益的行为。顾客可发起骚扰他人维权，维权一经成立，网店将会受到相应的处罚。骚扰他人情节一般的，网店每次扣A类2分，顾客发起投诉且经淘宝网判定投诉成立的，每次还须向顾客赔付300元；骚扰他人情节严重的，每次扣A类12分，顾客发起投诉且经淘宝网判定投诉成立的，每次还须向顾客赔付300元；骚扰他人情节特别严重的，视为严重违规行为，每次扣B类48分。

● **违背承诺维权：**违背承诺是指网店未按约定或淘宝网规定向顾客提供承诺的服务，妨害顾客权益的行为，包括交易违反支付宝交易流程、拒绝使用信用卡付款、未按成交价格进行交易及一切网店给出承诺却没有做到的情况。若顾客投诉网店有违背发货承诺的行为，经淘宝网核实成立且情节一般的，须向顾客支付违约金，网店未在淘宝网判定投诉成立前主动支付违约金的，除须向顾客支付违约金外，还须向淘宝网支付同等金额的违约金；情节严重的，可采取扣A类6分、下架商品、删除商品等措施。若顾客投诉网店有违背交易方式、服务承诺的，则每次扣A类4分；若顾客投诉网店有违背特殊承诺的，则每次扣A类6分。

**经验之谈**

　　"卖家违背交易方式、服务承诺的"具体情形包括：顾客选择支付宝担保交易，但网店拒绝使用的；淘宝网判定网店确实应该支持7天无理由退换货、退货承诺、破损补寄、破损包退等服务承诺，但网店拒绝履行或承担的；网店违背其自行做出的其他承诺。

- **延迟发货维权：** 延迟发货是指除特殊商品外，网店在顾客付款后实际未在48小时内发货，或定制、预售及其他特殊情形等另行约定发货时间的商品，网店实际未在约定时间内发货，妨害顾客购买权益的行为。网店的发货时间认定标准：快递公司有回传信息的订单，以快递公司系统内揽件记录（如物流详情为"已揽收/揽件"等状态）的时间为准；尚无物流节点信息回传的快递公司发货的订单，以快递公司底单展示的发货时间为准；虚拟充值类订单，以平台系统收到发货成功信息或网店向平台回传卡密等发货信息的时间为准；虚拟非充值类订单，根据交易形式，以网店实际提供服务的开始时间为准。如果出现延迟发货的情况，网店须向顾客支付该商品实际成交金额的10%作为违约金，且赔付金额最高不超过100元，最低不少于5元。网店未在淘宝网判定投诉成立前主动支付违约金的，除须向顾客支付违约金外，还须向淘宝网支付同等金额的违约金。

　　客服在处理严重的投诉与维权纠纷时，一定要注意时间的把握，严格执行半小时跟进制，所有的纠纷必须在3个工作日内处理完成。除此之外，客服还应该了解淘宝网受理争议的范围，如表4-4所示，以免网店受到处罚，最大限度地减少网店的损失。

**表4-4　淘宝网受理争议的范围**

| 争议类型 | 产生争议的原因 | 后续跟进 |
| --- | --- | --- |
| 售中争议 | 未收到商品<br>商品与描述不符<br>商品存在质量问题<br>商品表面不一致 | 在付款后、确认收货前，或在淘宝网系统提示的超时打款时限内提出退款申请 |

116

续表

| 争议类型 | 产生争议的原因 | 后续跟进 |
|---|---|---|
| 售后争议 | 假冒商品 | 在交易成功后的 90 天内提出退款申请 |
| | 描述不符 | 在交易成功后的 15 天内提出退款申请 |
| | 享受"三包规定"保障的商品产生保障范围内的争议 | 在交易成功后的 90 天内提出售后申请 |
| 售后争议 | 虚拟商品未到货 | 在交易成功后的 15 天内提出退款申请，虚拟物品的使用期限短于该期限的，顾客应该在虚拟物品的使用期限内提出申请 |

## 4.4.5 评价管理

信用评价不仅是网店升级的标志，也是顾客判断商品质量的标志之一。一般情况下，网店的好评率越高，购买商品的顾客就越多。商品一旦出现了中评、差评，就会使很多顾客望而却步。因此，客服要积极回应顾客的中评、差评，找出引发中评、差评的原因，然后通过电话、阿里旺旺等工具与顾客进行沟通，从而降低中评、差评出现的概率。

### 1. 好评处理

顾客收到商品后，若是对此次购物没有争议，就会确认收货，紧接着还会对此次购物进行评价。待顾客进行评价后，客服也要对顾客进行回评。下面对顾客的好评进行回评，其具体操作如下。

**步骤01** 登录千牛工作台首页后，在左侧列表中单击"交易"按钮▤。

**步骤02** 打开"已卖出的宝贝"页面，在"近三个月订单"列表中可看到交易成功订单右侧的▦图标下方会显示"对方已评"字样，表示顾客已经对此次购物进行了评价，单击"对方已评"链接，可以查看顾客的评价内容，这里单击"评价"链接，如图4-35所示。

图4-35 单击"评价"链接

**步骤 03** 打开"评价管理"页面，单击要评价订单对应的 评价 按钮，在打开的"评价"对话框中，可以对顾客进行回评。一般情况下是单击选中"好评"单选项，然后在评价框中输入评价内容，评价内容可以是感谢顾客的购买，也可以是对顾客评价中提出的问题进行回复等，最后单击 确认提交 按钮提交评价，如图4-36所示。

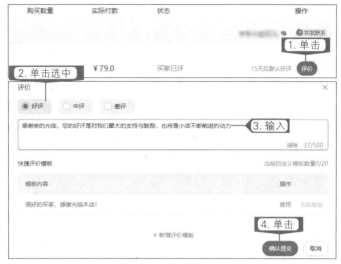

图4-36 输入回评内容

**经验之谈**

在"评价"对话框中单击"新增评价模板"链接，在打开的页面中可以编辑一些常用的评价话术作为模板，待下次对顾客进行回评时使用。在"评价"对话框中直接单击"快捷评价模板"列表中添加的模板话术便可快速进行回评，以此来提高工作效率。常用的客服回复顾客评价的话术可扫描右侧二维码进行查看。

扫一扫

回复顾客评价的话术

**步骤 04** 双方互评后，原来的"对方已评""评价"两个链接将变更为"双方已评"一个链接，单击该链接，可以在打开的"评价详情"页面中查看双方互评的内容，如图4-37所示。

图4-37 双方互评的内容

118

> 淘宝平台明确规定：若评价方给出了中评或差评，则在评价后的 30 天内有一次修改或删除评价的机会。若网店出现了中评、差评，客服应尽量在有效时间内采取措施，减少中评、差评对网店的影响。

### 2. 中评、差评处理

（1）引起中评、差评的原因

如果网店中出现了中评、差评，客服应该理性对待，找出顾客给予中评、差评的原因并解决问题。顾客给予中评、差评的原因一般有以下 5 点。

- **买卖双方误会：** 误会是发生中评、差评的普遍原因，其症结主要是买卖双方在购物时有言语上的误会，如表达不准确、双方交谈不愉快等，这都可能造成顾客购物后给予网店中评、差评。

- **对商品的期望值过高：** 有的顾客收到商品后，觉得实物与想象中差别太大，没有预期的效果，但又因为怕麻烦而不想与网店协商退换，于是给予网店中评、差评。

- **服务不满意：** 对网店的商品、客服的服务等不满意，或商品、服务等存在质量问题，觉得心里气愤，于是给予网店中评、差评。

- **恶意竞争：** 网店的竞争非常激烈，有些网店为了打击竞争对手，会故意对竞争对手卖得好的商品给予中评、差评。

- **职业差评师：** 职业差评师是指专门以给网店差评为手段来索要钱财的人。他们为了牟取利益，人为地找一些因素，列一大堆不合理的问题，并给予网店中评、差评。

（2）中评、差评对网店的影响

中评、差评对网店的影响是非常大的，特别是对于一些等级不高的网店来说，中评、差评可能会给网店带来致命性的打击。中评、差评对网店的影响主要包括以下 4 个方面。

- **严重影响转化率：** 评价是潜在顾客挑选商品时的重要考虑因素。如果某个热销商品中出现了几个中评、差评，那么就会严重影响潜在顾客的购买欲望，使本来打算购买该商品的潜在顾客放弃购买行为，导致商品转化率下降，从而使网店的利益受到损失。

- **影响商品搜索排名：** 商品好评率的高低对商品的自然搜索排名有很大的影响。一般来说，中评、差评越多，好评率越低，搜索排名越靠后，导致网店在其他同类网店的竞争中处于劣势。

- **影响活动：** 淘宝网中的很多活动（如聚划算、天天特价等）都对商品的好评率有一定的要求。图4-38所示为"淘宝女鞋2022"的活动要求，低于这个要求的商品无法报名参加相应的活动。活动是宣传推广网店和商品的重要途径，不仅可以引入大量的流量，提高网店商品的销量，还可以起到宣传网店形象的作用。若无法参加这些活动，网店的发展将会受到限制。

| 你的资质 | 资质名称 | 活动要求 |
| --- | --- | --- |
| ✅ 符合 | 未因虚假交易被限制参加营销活动 | 你的店铺未因虚假交易被限制参加营销活动； |
| ✅ 符合 | 未因出售假冒商品被限制参加日常营销活动 | 店铺未因出售假冒商品被限制参加日常营销活动； |
| ✅ 符合 | 未因活动中扰乱市场秩序被限制参加营销活动 | 您的店铺在活动中，不得存在利用非正当手段扰乱市场秩序的行为，包含但不仅限于虚构交易、虚构购物车数量、虚构收藏数量等行为； |
| ✅ 符合 | 物流服务 | 店铺物流服务需在4.6分以上； |
| ✅ 符合 | 近30天店铺纠纷退款 | 近30天内的纠纷退款率不超过店铺所在主营类目的纠纷退款率均值的5倍；或近30天的店铺纠纷退款笔数＜3笔； |
| ✅ 符合 | 廉正调查 | 要求店铺未涉及廉正调查； |
| ✅ 符合 | 服务态度 | 店铺服务态度需在4.6分以上； |
| ✅ 符合 | 要求店铺具有一定综合竞争力 | 要求店铺具有一定的综合竞争力； |
| ✅ 符合 | 未因严重违规行为被限制参加营销活动 | 店铺未因严重违规行为被限制参加营销活动； |
| ✅ 符合 | 未因一般违规行为被限制参加营销活动 | 店铺未因一般违规行为被限制参加营销活动； |
| ✅ 符合 | 描述相符 | 店铺描述相符需在4.6分以上； |
| ✅ 符合 | 不在搜索全店屏蔽处罚期 | 不在搜索全店屏蔽处罚期； |

图4-38 "淘宝女鞋2022"的活动要求

● **造成资源浪费：**网店的竞争越来越激烈，推广成本也越来越高。为了使自己的商品能够被更多的顾客看到，网店要花巨额成本引入流量，这些流量吸引来的潜在顾客如果因为商品的中评、差评而流失，将成为网店的巨大损失。

如果网店出现了中评、差评，客服一定要根据对方给出中评、差评的原因、目的、动机来及时处理。

（3）正常中评、差评的处理

对于普通顾客给予的中评、差评，客服可以使用相应的话术技巧来引导顾客修改评价。首先表达自己的歉意，然后使用优惠返现、折扣等方式给予顾客一定的补偿。下面针对不同的情况总结了不同的解释话术。

● **质量不好：**因为商品质量或商品与描述不符等问题引起的中、差评，客服首先要明确这是因为自己的错误才导致顾客给予中评、差评的。客服应该真诚地道歉，然后和气地和顾客商量解决办法。如果顾客要求退换货，客服就要主动承担退换货的来回运费，不要有任何拖延，并态度诚恳地道歉；如果顾客不退换货而执意给差评，那么客服可以通过专业话术进行解释。参考话术如下。

> 🙂：亲，商品缺失确实是我们的问题，仓库人员没有仔细核对订单信息就做了分拣，导致发送到您手上的商品有所缺失。在保证商品包装完好的情况下，我们随时欢迎您退换货，我们承担来回运费，或者我们这边直接给您补发缺失的商品，对于给您造成的不便，我们深表歉意，在此我郑重承诺，一定会加强对商品的分拣与检查，避免再次发生类似的情况。

120

: 亲，衣服上线头比较多确实很抱歉，但是您也认可衣服是没有其他质量问题的。衣服都是我们自己工厂生产的，线头也是工人们一个个剪的，剪的过程中可能会有一两处的遗漏，还请您体谅一下工人们的不易，多多担待，同时这个问题我们以后会注意的，谢谢您了！

: 亲，确实抱歉，生产过程中出现了一些瑕疵，导致部分商品的质量稍差，我们也跟厂家反映过这个问题了。在此我郑重承诺，下次绝对不会出现类似的情况，我们也会加强发货之前的检验工作，尽力做到万无一失。同时，为了表达对您本次购物的歉意，我们会给您一定的补偿，您也可以申请退换货，将商品寄回给我们，我们承担来回运费。请您千万手下留情，给我们一个改进的机会，祝您生活愉快！

- **款式不满意：** 款式是一个比较主观的问题，主要在于顾客的看法。客服在处理由款式引起的中评、差评时，切记不要觉得顾客无理取闹，而要心平气和地和顾客商量，尽量说服顾客换货。参考话术如下。

: 亲，我们网店一直承诺 7 天无理由退换货服务，如果是质量问题，我们可以承担来回运费给您进行退换货处理，但是您说不合身要我们承担运费给您退换货是不行的哟，由于您个人原因导致退换货，您还一定要我们承担运费，否则就给差评，那我们也没有更好的解决办法了，只能申请淘宝客服介入了哦。

: 亲，如果您不喜欢这件衣服，可以 7 天无理由退换货的。但是您不愿意退换货，一定要我们进行赔偿，这个我们是真的不能满足您，这也不是我们的质量问题，您一定要我们赔偿确实办不到啊！如果您执意要求赔偿而恶意给我们中评、差评的话，我们也只能申请淘宝客服介入了哦。

- **服务态度不满意：** 顾客因为对客服的服务态度不满而产生中评、差评的，切忌不要忙着解释，而应该先诚恳地道歉，向顾客说明服务不好的原因，如接待人数太多而没有及时回复、言语表达不当而造成误会等，不要推脱责任。参考话术如下。

: 亲，真的很抱歉，客服没有及时解决您的问题，给您造成了不愉快，您的这个差评给我们客服团队敲了警钟。在此，我代表全店郑重地向您道歉。同时，我们已经严厉批评了这位服务不及时的客服。如果这款商品有任何问题，您可以联系 ×× 经理，我们将一如既往地履行我们 7 天无理由退换货的售后服务。如果您觉得满意的话，恳请您修改一下评价，谢谢！

: 亲，这两天实在是太忙了，顾客也很多，客服暂时忙不过来，回复您慢了，实在抱歉。非常感谢您对我们网店提出的意见和建议，我们会加强客服培训，避免以后出现类似的情况。商品本身没有问题的话，我们恳请您高抬贵手，修改一下评价，您直接把差评改为好评就可以了，评价内容是您对我们网店服务的真实反馈，您可以保留，非常感谢。

: 亲，您的心情我理解，之前客服态度欠佳，我在这里真诚地向您道歉，希望您多多包涵！为了感谢您的光临，您修改中评、差评后，我这边给您赠送优惠券或者下次帮您免邮，您看行吗？

: 很抱歉，亲，给您造成了不便。但您给我们的中、差评对我们网店的运营影响是很大的，我们也希望以后把所有的顾客都服务好，您看能否帮我们改一下评价呢？

**经验之谈**

　　客服在引导顾客修改中、差评时要注意，如果私下联系顾客退款退货，一定要先请顾客修改评价后再进行退款。若顾客不信，则可通过阿里旺旺答应顾客修改评价后立即退款，并告知顾客，若网店违反约定，顾客可通过阿里旺旺的聊天记录进行维权。

　　（4）恶意中评、差评处理

　　恶意评价是指顾客、同行竞争者等评价者以给予中评、差评的方式谋取额外财物或其他不当利益的行为。淘宝网恶意评价受理范围如下。

　　① 利用中评、差评谋取额外钱财或其他不当利益：需双方聊天举证，证明评价者以中评、差评要挟为前提，利用中评、差评谋取额外钱财或其他不当利益的评价。

　　② 同行竞争者交易后给出负面评价。

　　③ 顾客被第三方诈骗给出负面评价。

　　④ 评价者出现辱骂或污言秽语等损坏社会文明风貌的行为。

　　⑤ 评论内容中泄漏他人信息：评价者擅自将他人的信息公布在评语中。

　　下面介绍竞争对手中、差评处理和职业差评师中、差评处理的方法。

● **竞争对手中评、差评处理：** 如果遇到竞争对手给出的恶意中评、差评，那么客服就要通过专业的话术进行回复，让关心评价的顾客看到这个中评、差评是恶意的，不是商品质量、服务态度等因素导致的，打消顾客对商品或服务本身的疑虑，尽最大努力消除中评、差评带来的影响。参考话术如下。

: 亲，就是这位顾客，请大家一定要记住他。他买了我们的商品，什么反应都没有就直接给了差评，对于我们这边的联系也是毫无反应。经过我们跟淘宝官方客服的联系核实，判定此人为同行，看到我们商品卖得好就来恶意竞争！本店本着全心全意为顾客服务的经营理念，这种同行着实让我们很伤心，不过淘宝网已经对其进行了警告处理，请大家放心购买。

: 这位顾客一声不吭就给了个差评，对客服的询问也是不管不顾，说不是恶意差评我都不信。这款商品这么多的好评难道都是假的吗？本店一直致力于全心全意为顾客服务，相信各位亲都是明事理的，一定不会被这种恶意差评所蒙蔽。

122

● **职业差评师中评、差评处理：**职业差评师常以中评、差评要挟为前提，利用中评、差评向被评价人提出不合理的要求。遇到职业差评师，客服应该采取以退为进的战术，先假装妥协，然后收集聊天记录并投诉。同时，客服也可以通过一些专业的话术进行解释，揭露这些不法利益者的行为，增强顾客购物的信心。参考话术如下。

扫一扫

职业差评师中、差评的处理方法

> 😊：各位顾客朋友，本店小本经营，实属不易，这位亲还恶意挑刺，说自己不喜欢这个商品，我同意了他的退换货申请后，还非要我们承担来回运费并赔偿损失，简直蛮不讲理。我们已经向淘宝官方进行投诉维权了，结果这位亲气急败坏地给了个差评，我也没有办法。本店再次承诺，所有商品7天无理由退换货，不影响二次销售的都可以退换，请各位亲放心购买。

## 4.5 顾客投诉处理

遇到顾客投诉时，如果客服能够以冷静的心态对待，并积极学习和总结处理投诉的技巧和经验，就会发现处理顾客投诉也并不难。

### 4.5.1 顾客投诉分类

顾客投诉是指顾客对网店商品质量或服务感到不满意而提出的异议、抗议、索赔和要求解决问题等行为。按照投诉的内容，顾客投诉可以分为商品质量投诉和服务质量投诉。

● **商品质量投诉：**由于顾客购买了存在质量问题的商品而引起的投诉均属于商品质量投诉。针对这种情况，若顾客所说情况属实，客服应先赔礼道歉，请求顾客的谅解，然后感谢顾客对商品质量的监督，并希望顾客以后多建议、多监督，最后根据具体情况给予顾客退换货的解决方案。

● **服务质量投诉：**由于商品价格存在差异或因客服的服务态度不好等原因引起的投诉均属于服务质量投诉。针对这种情况，若顾客所说情况属实，客服应及时向顾客赔礼道歉，并向顾客解释价格变动的原因，特殊情况下可根据具体情况给予顾客一定的补偿。

### 4.5.2 避免顾客投诉的基本方法

随着人们维权意识的增强，顾客的投诉意向、投诉频次也越来越多，这也意味着网店将面临越来越大的挑战。要想有效减少或避免顾客投诉，客服就需要在实践中不断总结经验，并采用恰当的处理方法。

### 1. 正确看待顾客的投诉行为

顾客产生投诉意向，可能是因为顾客的服务需求没有达到其期望值。在投诉行为产生前，客服一定要站在顾客的角度去理解顾客的不满，反思工作中的不足，第一时间帮助顾客解决问题。在解决问题的过程中，客服应耐心听取顾客的意见和抱怨，不要轻易打断顾客，更不可以在顾客发泄不满情绪时与其发生争执。

### 2. 拥有较高的业务水平和较强的问题处理能力

客服在为顾客服务的过程中，因为自身的业务知识不够专业而导致顾客的需求没有得到满足，或者导致顾客提出的问题没有得到有效的解决，都有可能被顾客投诉。因此，要想有效减少或避免顾客投诉，客服就要有较高的业务水平和较强的问题处理能力。

### 3. 做好跟踪服务

成功解决顾客提出的问题并不意味着客服就可以高枕无忧了，如果问题处理的速度和效果没有达到顾客的期望值，顾客仍有可能产生投诉意向。因此，为避免发生二次投诉，每一位客服都要加强自己的责任心，及时关注问题的处理进度，必要时随时告知顾客问题解决的进度和结果，做好跟踪服务，有效减少、避免顾客的投诉。

## 4.5.3　处理顾客投诉的基本原则

任何一家网店在为顾客提供服务时，都难免会因其服务质量、商品质量、售后服务等问题而接到顾客的投诉，因此，正确处理顾客投诉已经成为网店经营管理中的重要内容。处理顾客投诉一般有以下 7 条基本原则。

（1）要有"顾客始终是正确的"观念。具备这种观念，客服就会用平和的心态来处理顾客的投诉。

（2）保持心态平和，就事论事，坚持主动、关心、乐于助人的态度。

（3）认识到有投诉和不满的顾客是对网店有期望的顾客。

（4）认真听取顾客的投诉，分析投诉产生的真正原因。

（5）对顾客的投诉行为给予肯定和感谢。

（6）掌握问题的核心，提出解决方案并予以执行。

（7）总结顾客的投诉，并积极改正。

## 4.5.4　善意投诉的处理方法

善意投诉是指确实因为商品、服务、使用、价格等方面的问题而引起的顾客投诉。对于善意的投诉，客服可以按照以下步骤进行处理。

**124**

**1. 热情**

顾客一旦给出了投诉，多数态度是不友善的。不管顾客的态度如何，客服都应该热情周到，以礼相待，以此来体现网店积极处理投诉的态度。

**2. 倾听**

耐心听取顾客的意见和建议，无论顾客说得对或错、多或少，甚至言辞激烈，客服都要以认真的态度倾听。另外，还要尊重顾客，不要在交流过程中随意插话，要让顾客把想说的全部说出来。顾客把想说的都说完了，内心的怒火也就消了一半，这样更便于下一步的沟通。

**3. 道歉**

倾听完顾客的投诉内容，并找到顾客投诉的真正目的后，客服要对顾客表达真诚的道歉。道歉可概括为以下两种情况。

- 顾客自身原因（不了解商品、自己情绪不好等）导致的投诉。由于顾客自身原因导致的投诉，往往会在其陈述的过程中慢慢将不满情绪发泄出去，此时，客服只需听完顾客的陈述，并对给顾客造成的不便表示歉意，然后再耐心地讲解顾客误解的问题，投诉一般都会撤销。

- 客服自身业务操作不熟或主观意识问题导致的投诉。由于自身原因导致的投诉，客服就要勇于承认自己的过失，不能欺骗、拖延顾客，并且还要在道歉后及时补救。

**4. 分析**

分析顾客投诉的原因，如质量问题、服务问题、价格问题等，同时还要分析顾客的要求是否合理，以及问题属于哪个部门，解决投诉前是否有必要跟相关部门沟通或跟相关领导请示。

**5. 解决**

根据顾客的投诉内容和投诉分析制定解决方案，并把解决方案告知顾客。如果顾客同意，则按协商的方案立即处理；如果顾客不同意，那么就要看双方争议的焦点在哪里，与顾客协商解决，不卑不亢，尽量满足顾客的要求。

**6. 跟踪**

处理完顾客的投诉后，客服要与顾客积极沟通，了解顾客对于投诉处理的态度和看法，提高顾客对网店的忠诚度。

## 4.5.5 恶意投诉的处理方法

随着网店竞争的不断加剧，网店在经营过程中难免会遇到各种问题，如遭到某些人（一般为有组织的职业、恶意投诉者）的恶意投诉等。一旦遇到这种情况，部分网店就会不知所措，非常苦恼。那么网店遭遇恶意投诉该如何处理呢？下面介绍恶意投诉的处理方法。

### 1. 保持冷静

如果发现网店被恶意投诉，客服首先要保持沉着冷静，在与投诉者沟通的过程中，千万不要自乱阵脚，不要在意他们的恐吓，保持冷静的心态，然后思考问题的解决方法。

### 2. 学会自查

遭到恶意投诉可能是因为网店在某些方面做得不好，因此网店要学会自查，针对投诉者投诉的问题，要先查明原因（如网店的商品是否在包装、商品描述、物流等方面有遗漏或不合适的地方，或者网店的经营是否不符合淘宝网规则、违反了网店经营规则），然后再找应对措施。投诉者一般会先购买商品，然后进行高额索赔。

### 3. 咨询官方

客服要根据网店的情况向淘宝官方客服进行咨询（如淘宝网的官方客服就是淘宝网店官方的店小二），了解淘宝网的官方处罚措施，或者通过淘宝官方客服进行调解和申诉，然后根据不同的情况进行针对性处理。

### 4. 协商处理

进行投诉分析后，如果网店感觉确实存在某些方面的遗漏，可能要面临相应的处罚时，客服可以与投诉者进行协商，了解他们的具体要求。如果确实是网店的过错，则可以适当满足投诉者的合理要求，使其撤销投诉；如果不是网店的问题，或者问题不大，那么就不用理会投诉者，不久他们就会放弃投诉。

### 5. 查漏补缺

诚信乃经营之本。要尽力保证商品在包装、质量、服务等方面不存在问题，否则很容易被别有用心之人盯上，进行投诉。除此之外，客服还要熟悉电商平台的经营规则（如淘宝网规则、天猫规则、京东规则等），因为部分投诉者就是利用一些规则漏洞进行投诉的。

### 6. 法律途径

如果是因为不熟悉经营规则而导致被投诉，网店也不能因为担心害怕就轻易满足投诉者的要求，使其非法获利。有的恶意投诉很可能是竞争对手所为，目的是降低网店的商业信用。发现这些情况时客服要及时申诉，并向有关部门举报，打击投诉者的违法行为，维护自己的正当权益。

## 4.5.6 与仓库客服的交接

一些大中型网店的客服人数众多，而客服在处理顾客投诉时会提供一对一的服务。但很多售后流程的操作需要其他客服执行，尤其仓库客服，因此，客服间的沟通交接十分必要。

仓库客服并不知晓售后客服与顾客的协商方案是什么，所以售后客服需要将与顾客商

**126** 议的解决方案记录在案，如需要退换商品的相关信息、顾客的信息等都要让仓库客服知晓。表 4-5 所示为顾客退换货登记表，售后客服将顾客的需求详细地告知执行客服，避免再次发生失误而引起顾客的不满。

表4-5　顾客退换货登记表

| 顾客信息 | 退回商品 | 原因 | 调换商品 | 订单号 | 快递单号 | 运费承担方 | 受理客服 |
|---|---|---|---|---|---|---|---|
|  |  |  |  |  |  |  |  |
|  |  |  |  |  |  |  |  |
|  |  |  |  |  |  |  |  |

## 4.6 完善售后服务的标准流程

售后服务流程是客服在解决顾客售后问题时的一套标准化服务步骤。一套完善的售后服务流程可以让忙碌的售后工作按部就班，让售后客服的工作变得有章可循，还可以让顾客感受到网店和客服的专业。图 4-39 所示为某网店的售后服务流程图。

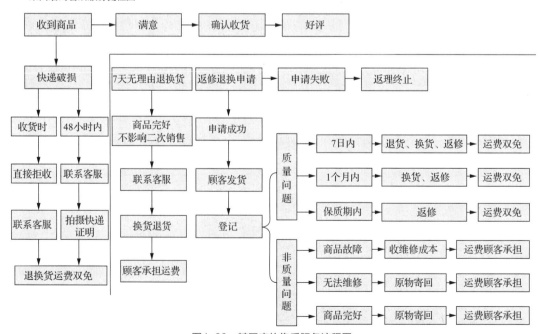

图4-39　某网店的售后服务流程图

## 4.7 售后客服的话术分类

售后客服的工作十分烦琐，加上退货造成顾客的心情非常不好，这就导致了售后工作具有很大的挑战性。表4-6所示为常见的售后话术，能在一定限度上减轻客服的售后工作。

表4-6 常见的售后话术

| 售后类型 | 话术 |
| --- | --- |
| 同意退款 | 您好，您的退款申请已经通过了，这边建议您用圆通速递、申通快递等寄回商品，以免出现商品寄丢或长时间收不到商品的情况。如果您购买了运费险，一定要填写正确的运单号才能向保险公司索赔哦，若有问题请随时联系售后小栎，我会给您一个满意的答复 |
| 证实发错货 | 出现这种情况真的十分抱歉，是我们的仓库人员没有仔细核实订单信息，给您带来了困扰，在此向您说声对不起。现在麻烦您先垫付下运费，把收到的包包寄过来，我们在收到退件后会通过支付宝或银行卡转账给您，同时我们会为您重新寄一件全新的包包，中间产生的运费将由我们全部承担，您看这样行吗 |
| 测量方法 | 亲，是这样的，我们的衣服都是平铺测量的，由于每个人的手法不一样，可能会出现一定的数据偏差，一般相差 1～3cm 是属于正常范围哦！同时，我们的商品详情页里也有常规款式的测量说明，如果亲觉得我们的尺寸有问题的话，可以按照网上的测量方法进行测量，如果测量出来的尺寸超过 3cm，那么请亲提供测量照片，一经确认，是可以给您包邮退换货的 |
| 快递丢件 | 亲，现在我已经通知 ×× 快递公司尽快追回快递了，如果丢件，我们会让快递公司进行赔付；如果两天之后还没有任何物流信息，仓库又有现货的话，那么我们安排给您重发，亲，到时候也请您提醒我一下哦 |
| 预售款 | 亲，您之前的订单里有一件 ×× 衣服，现在是作为 6 月 18 日的预售款了，所以现在要通知一下您，您看能不能等到 6 月 18 日发货呢？或者您换一个其他有货的款式？请您及时联系我们的售后客服哦，谢谢您的理解 |
| 发货后要求退款 | 亲爱的，实在抱歉，您的快递已经在路上了，会在 3 天左右送到您手中，如果您确实想要取消这个订单的话，麻烦您到时候拒签一下，让快递人员将该快递退回来。如果您方便的话，也麻烦您上线联系一下我们，告知我们已经拒收，我们也会及时跟踪退回来的快递，并及时给您退款 |
| 缺货留言 | 亲，您好！您于 20×× 年 × 月 × 日在 ×× 店购买的 ×× 衣服，由于 ×× 原因，仓库无法按时发货，在此，我代表本店全体工作人员向您表示深深的歉意，给您造成的不便也请谅解。如有疑问请随时联系我们的售后客服，谢谢您的理解 |

## 4.8 本章实训

（1）图 4-40 所示为售后客服处理退货退款的对话场景，试分析该场景中客服的沟通方式是否妥当。

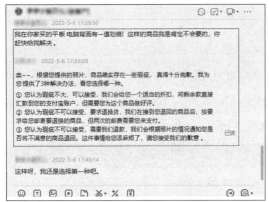
案例1：处理商品瑕疵的对话场景

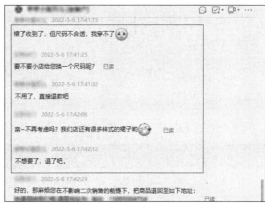
案例2：处理商品退款的对话场景

图4-40　售后客服处理退货退款的对话场景

（2）若你所在的网店收到了顾客的中评、差评，并且与顾客沟通交流后，顾客仍不退换货，执意要你补偿，此时你该如何处理？

（3）面对同行竞争给出的中评、差评，要怎么回应？

（4）部分顾客在收到商品后隔了很长时间才联系客服，并找了各种理由要求退货。如果你遇到了这种情况，会如何处理呢？图4-41所示为顾客收到商品很长时间后要求退货的对话场景。

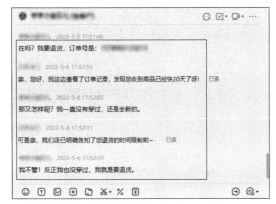

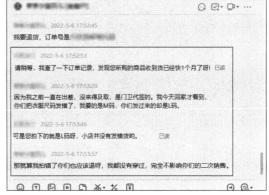

图4-41　顾客收到商品很长时间后要求退货的对话场景

（5）图4-42所示为客服处理纠纷的对话场景，试分析该场景中客服的沟通方式是否妥当。

图4-42　客服处理纠纷的对话场景

（6）阅读以下案例，试分析要成为一名优秀的网店售后客服人员，需要具备哪些销售技能。　**129**

### 售后客服怎么做

完美销售的关键在于售后，但是要做好售后服务并不容易，一旦售后服务做好了，网店不仅会好评如潮，还会吸引更多的回头客，网店效益也会随之增长。一个优秀的售后客服的主要工作包括解决问题、处理投诉、解决纠纷、维护关系等，只有做好这些工作，才有可能成为一名优秀的售后客服。

当售后客服遇到带有负面情绪的顾客时，首先要安抚顾客的情绪，并通过与顾客的交流分析顾客的显性或隐形需求，然后再进行合理化建议。如果可行，则立即提出解决方案，满足顾客的需求；反之，如果无法与顾客达成共识，则要请求同事或上级领导的帮助。

售后客服在与顾客进行交谈时，首先，要多一点耐心，不管顾客所购商品的价格如何，客服都要耐心听完顾客的抱怨，在倾听的过程中努力寻求解决问题的关键；其次，态度要好一点，顾客进行投诉时，心情肯定不好，那么此时客服的态度就显得尤为重要了，不然就是火上浇油；再次，动作要快一点，客服处理问题的速度快了，不仅能让顾客感觉自己被尊重，还能彰显网店的诚意；最后，补偿要多一点，客服在收到顾客投诉时，绝大部分原因是自身利益受到了损失，此时客服一定要明白，补偿不仅能解决顾客的问题，还能使网店的回头客更加忠诚。

顾客抱怨之后都希望受到重视，此时，客服可以与同事进行配合以解决问题，也可以请上级领导对顾客进行慰问。

# 5

# 智能客服的使用

近年来，随着智能化技术的深入发展，市场上出现了不少新型的人工智能化产品，尤其是智能客服机器人已经成为各大网店客服场景中的标配产品。智能客服可以帮助网店解决大量重复的、可自动化的工作，也是网店提高运作效率、推动网店快速发展的有效手段。因此，一名优秀的网店客服不仅要掌握基本的知识和操作技能，还要学会运用网店中的智能客服，这样才能从容地应对网店开展的各种促销活动。

- 认识智能服务
- 在线机器人的知识管理
- 在线机器人——阿里店小蜜
- 阿里店小蜜的基本功能
- 智能客服导师——人工智能训练师

知识要点

人工智能技术的飞速发展，不仅提高了人们的物质生活水平，还满足了人们的精神需求，但同时也对社会提出了更多的挑战，包括社会治理、政府监管、法律规范等。所以，作为人工智能受益者，网店客服不仅要掌握智能客服的相关知识和技能，还要注重对人工智能的相关法律、伦理和社会问题的深入了解，让人工智能更好地服务人类社会。

- 把握好技术运用与社会伦理道德之间的尺度，防止出现技术异化的情形。
- 学会懂规矩、守纪律，不断提高自身能力，争取成为德才兼备的高素质人才。

视野拓展

# 5.1 认识智能服务

随着人工智能的不断升级，数字化、智能化的不断加持，科技与创新迎来了爆发式的发展。从最初的"互联网+"到移动互联网，再到如今的智能时代，技术的创新在不断影响着各行各业。其中，服务行业的影响较为显著，通过智能服务，人们享受到了更加精准、高效的服务水平。

案例导入

智能客服助力
"6·18"电商活动

## 5.1.1 智能服务的价值

智能服务是指能够自动辨别用户的显性和隐性需求，并且主动、高效、安全、绿色地满足其需求的服务。智能服务的成功实现离不开人工智能技术的支持，而人工智能技术在客服行业的深度落地，也给客服行业带来了诸多的变化。

### 1. 优化客服行业

随着移动互联网的普及和消费水平的升级，网络用户数量激增，传统的服务体系已经不能满足现今数量庞大的用户需求了。而恰逢此时，人工智能技术的出现为客服行业带来了全新的改变。例如，服务前端的电话和语音渠道已逐渐被智能语音和在线客服机器人所代替，在解放人工客服劳动力的同时，使人工客服从单一、重复的服务向更有价值、更应该由人工解决的服务转型，以便为顾客提供更加人性化、个性化、多样化的服务。而在服务后端，人工智能技术带来了更高的处理效率，如对人力有着高要求的质检工作被智能质检所替代，极大地提高了工作效率，降低了人力成本。

### 2. 提高顾客满意度和体验感

提高顾客满意度和提升客户体验感，其本质都是关心顾客服务过程中的潜在需求。其中，顾客满意度注重的是服务结果，而顾客体验感则注重的是服务过程。简而言之，顾客满意度为客服服务的根本，顾客体验感为客服服务的目标。服务过程加服务结果便构成了完整的服务流程，只有这样才能提升客服服务的价值，才能最终提高顾客的满意度和忠诚度。

网店客服是网店与顾客之间的沟通桥梁，因此，客服人员需要把握服务每一位顾客的机会。要想让顾客在整个服务过程中感受到良好的体验感，就需要客服人员找到并解决顾客的痛点问题。对于客服人员来说，这属于主动创造服务价值，通过给予顾客良好的服务体验感来增强顾客黏性。例如，顾客下单并完成付款后，发现收货地址写错了，此时顾客就会进行截图操作并寻求客服帮助，如果顾客需要进行多次重复操作才能进入服务咨询界面，那么这对于顾客来说，无疑会是一次糟糕的服务体验。但如果系统在顾客进行截图操作的场景中预设了客服咨询入口，当顾客截图后，客服入口就会第一时间弹出，这样顾客便能以较短时间且较少的交互次数找到客服，这将极大地提高顾客对此次服务的满意度，从而带来更强的顾客黏性。

## 5.1.2 智能服务产品的发展历程

智能客服迅速发展的同时，也带动了智能服务产品的发展和成熟。目前流行的智能服务产品主要包括智能在线机器人、智能语音机器人、人机辅助等，其发展历程包括发展维度和发展阶段两个方面。

**1. 智能服务产品的发展维度**

了解智能服务产品的发展历程需要从认知层、系统层、运营层这3个维度出发。认知决定行动，在智能服务产品发展的不同阶段，人们对智能服务的理解是不同的。例如，在智能服务产品发展初期，人们通常认为拥有自助服务系统就实现了智能化的服务，此时，系统就是实现认知的工具。而任何一个系统和工具都是需要运营的，如"阿里店小蜜"系统，在网店客服行业中算是一个比较成熟的系统，大多数网店都会应用它，但顾客体验有好有坏，决定其差别的关键因素就在于各网店客服中心运营能力的高低。由此可见，认知层、系统层、运营层这3个维度在智能服务体系的搭建中是相辅相成、缺一不可的。

**2. 智能服务产品的发展阶段**

越来越多的智能服务产品融入人们的日常生活，而且许多智能服务产品也在不断更新换代。智能服务产品的发展经历了自助服务工具、智能客服机器人、人工智能3个阶段。

（1）自助服务工具

传统的服务模式是客服一对一地解决顾客问题，这样的模式需要将大量的人力投入到简单且重复的服务中，不仅耗费了大量的人力和物力，而且当顾客数量增加后，人工客服效率与服务质量的矛盾便凸显出来。此时，可以通过自助系统工具将一些简单且重复的业务交由顾客自行填写，客服只需处理关键内容即可，从而极大地提高了服务效率和顾客满意度。

（2）智能客服机器人

移动互联网的普及和消费水平的升级导致顾客数量迅速增加，给人工客服带来了巨大的压力。在此阶段，客服中心对智能服务的诉求是降低运营成本和人力成本，尽可能地分担人工客服的咨询流量，因此诞生了智能客服机器人。智能客服机器人主要为问答型机器人，即顾客进店咨询时，简单重复的问题由客服机器人接入回答，而涉及多流程、多板块的、复杂的问题则引导至人工客服，从而使人工客服从单一、重复的基础劳动中解放出来，去做更多有价值的工作。

（3）人工智能

在智能服务阶段，通信工具不断发生变化，从电话到短信、邮件到QQ、微信等不断演变，在为沟通带来便捷的同时，也给客服行业带来了巨大的挑战。此阶段的智能服务不再是一个单独的系统，而是全流程的"人工智能+"应用，如"人工智能+客服"的智能客服、"人工智能+知识库"的智能知识库等。

除了认知和系统外，智能服务的运营也发生了巨大的变化，如"人工智能 + 在线系统"的智能人机结合系统。在线客服在服务过程中，后台的智能服务系统会实时读取顾客的咨询问题，并从知识库中选取合适的答案推送给客服，如果客服觉得答案合适，就可选择答案并将其直接发送给顾客。如果某一条答案在应答过程中被多名客服选择，那么后台系统就会自动记录该答案，并将其做高频率推荐；反之，对于客服较少选择的答案，系统会自主优化。

由此可见，在智能服务产品的不同发展阶段，人们对智能服务的诉求和认知是不同的，相应的系统和运营也是不同的，只有将认知、系统、运营 3 个方面进行有机结合，才能构造完善的智能应用体系。

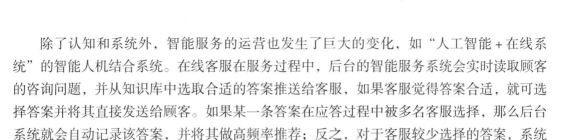

**职业素养**

人工智能的到来让人们的生活和工作都悄然发生了改变。此时，智能服务也势必会给客服中心带来一定的机遇与挑战。面对机遇，客服人员要敢于尝试，立足当前，谋划未来；面对挑战，客服人员更要沉着冷静，顽强拼搏，不断超越自我，实现自己的人生价值。

## 5.1.3　智能服务产品在客服中心的应用模式

人工智能在服务领域替代人工将是一个漫长且逐步演进的过程。现阶段中，"人机协作"是服务行业中的主流模式。人工与智能系统各有优势，智能系统可以实现一周 7 天 ×24 小时的接待工作，且全年无休，能够轻松解决大量单一、重复的问题，但遇到疑难的、需要多次判断的问题时，还是需要人工客服来完成。

目前，成熟的人机辅助系统包括智能在线（问答）机器人、智能转人工插件、智能机器人助理、智能知识库等。在人机结合的应用场景下，顾客进入网店后首先由智能在线（问答）机器人进行接待和解答，当顾客的问题超出机器人的业务范围时，智能转人工插件就会主动将顾客咨询问题的摘要总结后推送给人工客服，由人工客服来接待顾客，同时助理机器人也会对顾客的问题进行分析，并在智能知识库中检索出答案，把检索的答案自动导入对话窗口，再由人工客服直接发送给顾客。人机协同工作将简单、重复、高频的问题交给智能系统，让人工客服回归到更有价值的工作中。

## 5.1.4　智能服务产品中的在线机器人

智能服务产品是以人工智能技术来解决客服行业痛点的产物。其中，智能在线机器人在服务行业中的应用较为普遍，下面介绍一些智能在线机器人在不同发展阶段应用的关键产品。

134

## 1. 关键词机器人

关键词机器人是指根据用户发送内容中与业务主题相关联的关键词进行判定，并自动回复对应解答话术的客服系统。这类机器人的常见应用就是微信公众号上的关键词回复，即用户发送一个问题后，机器人自动在知识库中进行检索，并推送相应答案。

需要注意的是，关键词机器人要求用户发送的问题必须与知识库中预设的关键词保持一致，否则将无法检索出正确的答案。例如，知识库中预设的关键词为"退货＋运费"时，顾客的提问中就必须同时包括"退货"和"运费"两个关键词才能检索出对应的答案，否则，机器人将无法识别顾客的问题。

## 2. 语义识别机器人

使用关键词机器人必须严格要求用户的关键词指令正确，即告诉用户应该如何与机器人进行交流，让用户按照机器人设定的逻辑进行交互。既然用户与机器人的交流是个问答式的解答过程，那么识别用户语义就是解答的前提。在语义识别阶段，在线机器人正式走上了正轨。

为了便于理解语义识别，下面用顾客退货的场景举例：顾客提出"我想要退货，流程是什么"，这时语义识别机器人识别出顾客的真正意图是"如何办理退货"，然后机器人便采用核心关键技术进行操作。语义识别包含 3 个层次，分别为：应用层、NLP 技术层、底层数据层。

- **应用层：** 应用层包括行业应用和智能语音交互系统。如智能家居、车载语音、可穿戴设备、VR等，从交互的方式上来看，可以分为事实问答、知识检索、问题分类等。

- **NLP技术层：** NLP技术层包括以语言学、计算机语言等学科为背景的，对自然语言进行词语解析、信息抽取、时间因果、情绪判断等技术处理，最终达到让计算机"懂"人类的自然语言认知，以及把计算机数据转化为自然语言的生成。如用户对电视机说"热播的动作片""最新科幻片"等模糊语句时，电视机首先从给定文本中提取重要信息，然后再根据用户的性别、爱好、平时的点播倾向等特征来进行智能分析，最后进行精准推荐。

- **底层数据层：** 词典、语料库、数据集、知识图谱，以及外部世界常识性知识等都是语义识别算法模型的基础。语言本身词性、词义、组成逻辑复杂等性质决定了语义识别的难度。因此，语义识别技术也涉及语言学、计算机语言、统计学、哲学、生物学等诸多广泛的学科。

## 3. 意图识别机器人

客服在与顾客沟通的过程中，有时顾客的问题往往不是一句话就能表达清楚的。例如，顾客说："我要开发票。"人工客服就会问："请问您要为哪笔订单开具发票？抬头是企业还是个人？"此时，如果还是按照顾客单句话的语义去识别，机器人就会不知所措。所以，机器人必须具备能够结合上下文识别顾客意图的能力。意图识别的应用领域包括搜索引擎、对话系统、智能物联网等。

意图识别机器人的核心技术是深度学习，即让计算机学习样本数据的内在规律和表示层次。如京东 JIMI 就是意图识别机器人，当用户输入相应的文本内容后，JIMI 机器人便会根据统计分类模型计算每一个意图的概率，并最终给出查询的意图。

## 5.2　在线机器人的知识管理

知识作为人类在实践中认识客观世界的成果，它包括事实、信息的描述或在教育和实践中获得的技能等，它可以分为陈述类知识和程序操作类知识。在线机器人的知识不是凭空而来的，它是由数据进化后得到的，因此，要想提高机器人的识别率，就要对其知识库进行管理。

### 5.2.1　在线机器人知识整理

人工智能训练师根据人工客服的知识来源收集形成知识素材，通过对知识素材的优化和整理，最终加工形成在线机器人可以对外发布的知识。在线机器人知识管理的内容主要包括知识分类和知识库分类。

**1. 知识分类**

人工智能训练师完成知识的收集工作后，将收集的知识分为问答知识、图谱型知识和文档知识 3 种存储形态。

（1）问答知识

问答知识包括顾客与客服之间的问答对话。从交互形式来看，问答可分为单轮对话和多轮对话。

● **单轮对话：** 单轮对话是指在线机器人与顾客进行一问一答的交互式对话，一般适用于简单信息获取类知识及操作简单类任务知识（如顾客咨询某一产品的功能）。单轮对话的优势是知识整理工作简单，但存在两轮以上的问答交互难以匹配准确答案的情况。因此，人工智能训练师可将顾客标准问与标准答进行一一匹配。单轮对话举例如下。

> ：修改发票。
>
> ：订单完成前，支持修改的内容为电子发票，可修改的内容为"电子发票添加税号""电子发票内容明细改大类及大类改明细""电子发票公司抬头更改为个人抬头及个人抬头更改为公司抬头""电子发票修改为增值税专用发票"等。订单完成后，365天内可支持修改。

136

● **多轮对话：** 多轮对话是指在线机器人能够与顾客进行两轮以上的信息交互沟通，并从交互过程中识别、筛选顾客问题的应答结果，一般适用于操作流程或任务执行类场景。多轮对话能有效避免直接给顾客发送小论文样式的答案，而是通过流程引导，帮助顾客快速完成操作任务，从而提升顾客体验感。多轮对话举例如下。

> ：请您选择需要修改发票的订单。
>
> ：选择订单操作。
>
> ：您的订单为未完成状态，之前您的选择为电子发票，请选择您具体修改的内容，如"电子发票添加税号"。
>
> ：电子发票添加税号。
>
> ：请您填写新增的税号内容。
>
> ：填写新增税号操作。
>
> ：您的发票修改申请已提交，请您后期关注发票修改结果。

（2）图谱型知识

图谱型知识是基于知识图谱技术，通过对顾客问题的理解，将问题转化为在知识图谱上的查询语句，并执行该查询语句，最终得到答案的过程。该知识类型可以解决深度学习技术下，在线机器人需要收集大量顾客原始语料，并进行意图识别的数据量要求，同时对于复杂的顾客意图问题有着非常高效的解决率。但是，基于图谱型知识的结构梳理是十分复杂的，这对人工智能训练师的要求较高。

### 经验之谈

知识图谱是结构化的语义知识库，用于以符号形式描述物理世界中的概念及其相互关系，其基本组成要素是实体、关系、属性。其中，实体是知识图谱中的基本元素，它可以是具体的人、事、物，也可以是抽象的概念。在知识图谱中，边表示知识图谱中的关系，用于表示不同实体间的某种联系，如图5-1中的箭头就是边，代表实体之间的关系是师生；知识图谱中的实体和关系都可以有各自的属性，如图5-1中的年龄、职业、学校等。

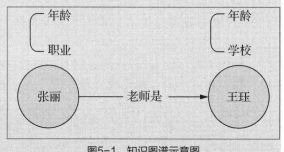

图5-1　知识图谱示意图

（3）文档知识

文档知识是客服中心的原始知识状态，客服中心的文档包括产品文档、服务文档、业务文档等。文档知识针对的是某一项业务或某一项产品，知识涵盖面广，但需要进行复杂的结构化提取工作。问答知识是文档知识结构化拆解后的体现，文档知识结构化拆解工作比较费时，无法做到知识的及时制作和整理。

### 2. 知识库分类

知识的分类决定了知识库的分类，但在划分知识库时，不能简单地将知识的3种类型直接划分为3种知识库，而应该根据知识的底层应用来划分，将知识库划分为业务知识库、多轮对话知识库和闲聊知识库。

- **业务知识库：** 文档知识、问答知识，或者所有闲聊以外的知识，均可以存储到业务知识库。
- **多轮对话知识库：** 多轮对话知识库，实质上是对业务知识库的一种补充，即当某一些知识用问答形式展现的交互效果不理想时，就需要调用多轮对话知识库，所以业务知识库中的某一部分知识需要跟多轮对话知识库的知识进行匹配。例如，"修改订单"问答本身是存储于业务知识库中的，但人工智能训练师也要把与之相似及相关的标准问和知识场景存储于业务知识库中，当在线机器人识别出顾客的意图是要咨询修改订单时，就可以从业务知识库中的"如何修改订单"跳转至多轮对话知识库中的订单修改流程，从而触发订单修改任务操作的知识。
- **闲聊知识库：** 闲聊知识库存储的是业务内容以外的闲聊知识，目的是增加问答的乐趣。例如，顾客说"我想吃苹果"，闲聊机器人就会这样回答"苹果中富含粗纤维，可促进肠胃蠕动，多吃苹果有益身体健康"。事实上，大部分企业是将闲聊机器人作为独立的个体进行维护的，这样可以避免因为加入闲聊语料而导致在线机器人的识别准确率降低。

## 5.2.2　业务文档知识库管理

文档知识需要结构化整理后再导入业务知识库中，但有一些文档知识无法及时整理为问答形式，需要借助机器阅读技术来解决。目前，机器阅读大都基于深度学习技术，可直接让顾客针对文档知识内容进行提问，由在线机器人自动在知识文档中匹配检索出正确答案，并将答案推送给顾客。

机器阅读技术作为在线机器人的组成技术之一，其实现方式也参考了人类阅读理解文档的逻辑。人类阅读理解文档的大致思路如下。

（1）阅读一篇文章，首先要理解文章的中心思想和大体内容。

（2）弄清楚这篇文章的主要内容，是否有不理解的地方。

（3）带着问题再次阅读文章并寻找答案，在这个过程中将问题同文章进行关联，并结合主题，理解问题重点。

（4）定位可能的答案（该答案可能是可以在文章中直接找到的，也可能是在文章中找不到的，需要自己去总结、分析），并再次重点阅读相应文字，找出答案后进行筛选，最后选出正确答案。

根据上述思路，可推断出在线机器人是如何实现文档阅读理解的。

（1）在线机器人首先要明确顾客的问题意图。

（2）带着问题对所有文档知识进行一次全面检索，从而确定目标文档。

（3）成功确定目标文档后，针对顾客的问题再次阅读目标文档。

（4）识别该问题大致属于哪个段落，对目标段落进行重点阅读，并运用训练好的模型，将整个段落中各个句子的内容与顾客问题之间进行相似度计算和排序，然后根据预设阈值，输出相似度值最高的那句话作为答案。

### 5.2.3　多轮对话知识库管理

多轮对话是指在线机器人与顾客进行多轮交流后，将最终答案推送给顾客的一种交互过程。而多轮对话知识库则是一种在理解顾客意图的前提下，获取必要信息，以解决顾客问题的知识管理结构。必要信息不一定要通过与顾客的对话来获取，更多是来源于说话人的身份、当前的时间或地点等一系列场景信息，因此，多轮对话的信息收集不局限于在线机器人与顾客的对话内容，还包括顾客的其他相关信息。人工智能训练师对多轮对话知识库的管理有以下3种方法。

#### 1. 槽位构建

多轮对话中的"槽"是指对话过程中在线机器人需要收集的信息工具。槽位分为词槽和接口槽。其中，词槽是指对话信息中的可变关键词，接口槽是指可以不通过文字，而直接通过其他方式（如数据埋点）获取信息的"槽"。例如，顾客通过在线机器人"查询××款书桌的尺寸"时，在线机器人就会分别将"××款""书桌"填入"查询款式""查询商品"词槽中，将"尺寸"填入"尺寸查询"接口槽中。

#### 2. 澄清话术创建

澄清话术是指多轮对话中的信息收集不够完整，或者信息收集完整后，任务确认执行前的反问话术。

> ：　"帮我推荐一条适合20岁女生穿的裙子。"
>
> ：　"请问您喜欢的风格、价位、颜色分别是什么呢？"
>
> ：　"200元以内吧。"
>
> ：　"请问您喜欢的风格和颜色分别是什么呢？"

👧: "休闲一点，浅色系。"

🤖: "好的，请您确认您喜欢休闲一点、价格在200元以内、浅色系的裙子。"

👧: "确认！"

🤖: "根据您的购买需求，已为您找到以下3条适合您的裙子……"

在上述对话中，第一次澄清话术的使用是在线机器人解决顾客问题信息收集不完整时触发的反问机制，第二次澄清话术的使用是问题信息收集完成后，执行任务前的确认澄清话术。

**3. 话题继承下的多论对话**

话题继承是指在多轮对话中根据顾客咨询的内容，可以自主选择对应话术来解决多意图的问题。

👧: "帮我推荐一双女式凉鞋。"

🤖: "请问您想要哪一种材质、多少价位、鞋跟款式是哪一种的凉鞋？"

👧: "牛皮、500元以内、平跟的吧。"

🤖: "根据您的要求，为您推荐以下3双凉鞋。"

👧: "不是很喜欢，换一批看看。"

🤖: "根据您的要求，以下3双凉鞋非常适合您。"

事实上，不同网店中在线机器人的多轮对话设计系统是各不相同的，人工智能训练师可以在上述3点内容的基础上，结合实际情况设计符合网店要求的多轮对话。

## 5.2.4 在线机器人知识客户化

人工智能训练师在设计在线机器人知识的文本话术时，需要站在顾客的角度进行编写，也就是知识客户化。一般而言，客户化是指对现有知识在描述语言、呈现形式、编辑模式等方面进行加工，使顾客在现有产品或服务方式方面拥有更好体验感的优化过程及方法。人工智能训练师在知识编写的过程中，可以运用以下4项原则，以顾客为出发点，更好地管理在线机器人的知识。

（1）通俗易懂。越是复杂难懂的知识，其表现形式更应简单且朴实。

（2）思路清晰。预设问题的路径一定要清晰，尽量避免顾客出现看不懂、听不明白的情况。

（3）答案一目了然。最终推送给顾客的答案一定要阅读方便，对于复杂、长篇的答案，人工智能训练师可以通过分块、打序号、加粗等视觉效果加深工具降低答案的阅读难度。

**140**　　　（4）内容准确。内容准确是编写知识话术的基本准则，尤其是答案知识，切忌含糊不清。

## 5.3　在线机器人——阿里店小蜜

随着顾客要求的不断提高，网店在服务营销方面的能力也需要不断增强。传统的人工客服存在一定弊端，如响应慢、业务能力不足等，所以许多网店会选择使用在线机器人——阿里店小蜜来缓解网店客服的压力，将服务化繁为简。下面主要介绍阿里店小蜜的特点以及启用和配置方法。

### 学思融合

**课堂活动：**《孙子兵法·谋攻篇》中说："知彼知己，百战不殆。"这句话的意思是指既要了解自己，又要了解敌人，打起仗来才能立于不败之地，以实现"运筹于帷幄之中，决胜于千里之外"。试想一下，网店客服要如何才能做到知彼知己？

**活动分析：**网店客服服务顾客的根基在于对网店自身特点、所售商品优势、行业发展动态、目标顾客群、竞争对手商品信息了如指掌（即知己），这样才可以做到有的放矢，取得服务工作的最终成功。与此同时，网店客服还可以通过促销、问卷调查等方式开发目标顾客群（即知彼），这是一项开拓性、创新性很强的工作，需要网店客服拥有潜心专研业务、乐于精耕细作的职业素养，另外，还需要网店客服具备开拓进取的时代精神，践行"以实力服务顾客"的职业价值观。

### 5.3.1　阿里店小蜜的特点

阿里店小蜜是阿里巴巴官方推出的商家版智能客服机器人，能够帮助商家更好地管理网店，减少客服的工作量。对于网店而言，只要开启了阿里店小蜜功能，这个人工智能机器人就能每天 24 小时持续工作。图 5-2 所示为"阿里店小蜜"的工作界面，其特点主要体现为以下 3 个方面。

#### 1. 接待能力强

阿里店小蜜是帮助网店提升接待能力的重要工具，它能够一周 7 天 ×24 小时在线，具有智能预测、智能催拍、主动营销等功能，可以代替客服处理大量的咨询问题。

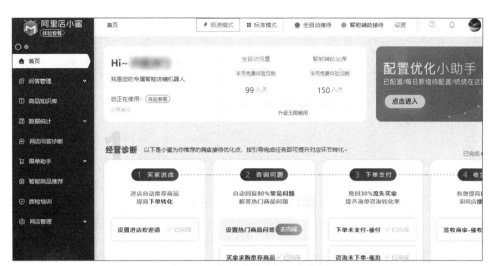

图5-2　"阿里店小蜜"工作界面

### 2. 响应时间短

只要顾客有任何问题，就可以随时随地点击阿里店小蜜，且服务顾问会立即响应，并全程陪同购物，为顾客提供咨询支持。阿里店小蜜可以为网店减少约 40% 的响应时间，并且阿里店小蜜的智能接待响应时间仅为 1 秒，能够很好地抓住顾客"黄金 6 秒"的响应时间，有效避免顾客流失。

### 3. 转化数据快

除了响应快、减少客服工作量等优点外，阿里店小蜜带来的转化率也是不错的。每 10 个顾客在咨询阿里店小蜜之后，就会约有 6 个顾客完成交易，并且使用阿里店小蜜不仅能够节省网店的运营成本，还能避免顾客流失，提高咨询转化率。

另外，阿里店小蜜不会带着情绪工作，所以在回复问题上通常不会出现漏回顾客问题或者倦怠的情况。什么时候发货、发什么快递、有没有优惠等通用型问题都可以放心交给阿里店小蜜来回答，当阿里店小蜜有解决不了的问题时，再由网店的人工客服介入。

## 5.3.2　启用阿里店小蜜

阿里店小蜜是供网店使用的一款辅助助手，为了让它更好地为网店服务，提高转化率，网店在启用阿里店小蜜之前，还需要对千牛工作台进行一些相关设置等。

扫一扫

启用阿里店小蜜
前的准备

### 1. 启用阿里店小蜜前的准备

成功开启"阿里店小蜜"智能机器人前，网店需要进行旺旺分流设置，其具体操作如下。

**步骤01**　登录千牛工作台首页后，在页面上方的搜索栏中输入"旺旺分流"，然后在打开的搜索列表中选择"旺旺分流"选项，进入"旺旺分流"页面，接着单击"设置"选项卡，如图 5-3 所示。

图5-3　单击"设置"选项卡

**步骤02**　打开"客服分流管理"页面，在"基础设置"选项卡中显示了参与分流的客服信息。如果想让更多的客服参与，则可以单击 新增分组 按钮，新建一个分组，然后在其中添加相应的客服；也可以在现有分组中继续添加客服。这里单击现有分组"售前客服"对应的"修改"链接，如图 5-4 所示。

图5-4　单击"修改"链接

**步骤03**　进入"修改分组客服"页面，在其中可以进行添加客服、批量移除、批量移组等操作，这里单击 添加客服 按钮。

**步骤04**　打开"添加客服"对话框，单击选中客服名字对应的复选框后，单击 确认 按钮，如图 5-5 所示。

图5-5　添加客服

**步骤05** 返回"客服分流管理"页面,单击"高级设置"选项卡,在"全店调度"选项卡下的"机器人配置"栏中设置机器人接待分流策略,然后单击 保存 按钮,如图5-6所示,完成客服分流设置。

图5-6 设置机器人接待分流策略

### 2. 开启阿里店小蜜

设置阿里店小蜜后,还需要启用阿里店小蜜,其具体操作如下。

**步骤01** 登录千牛工作台首页后,在页面上方的搜索栏中输入"阿里店小蜜",然后在打开的搜索列表中选择"阿里店小蜜"选项。

**步骤02** 在打开的页面中将介绍阿里店小蜜的功能模式及特点。官方提供的阿里店小蜜有3种配置,分别是快捷配置、标准配置和高级配置,不同配置对应不同的服务内容,这里选择"快捷配置"方式,然后单击 下一步,助手小蜜将引导您完成配置 按钮,如图5-7所示。

图5-7 选择"快捷配置"方式

**经验之谈**

一般情况下,日均对话在1000条以内的网店建议选择"快捷配置"方式,日均对话大于1000条小于3000条的网店建议选择"标准配置"方式,流量非常大的网店建议选择"高级配置"方式。

144 **步骤03** 进入阿里店小蜜后台配置页面，同时千牛工作台接待中心的阿里旺旺聊天窗口中旺旺名称下方会显示图5-8所示的标志⌐ıll┄┄┄┄，表示该网店已启用阿里店小蜜的智能辅助功能。此时若有顾客进店咨询，则阿里店小蜜将会第一时间与其对接。

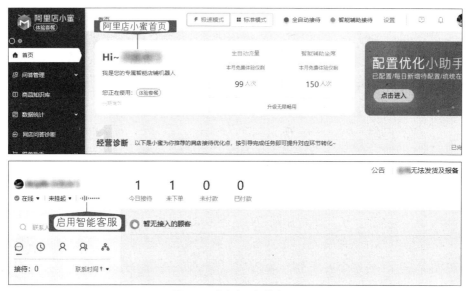

图5-8 成功启用智能客服

**经验之谈**

快捷配置方式下的阿里店小蜜有极速模式和标准模式两个版本。其中，极速模式的配置更为简单快捷；标准模式的配置更为复杂，但顾客咨询问题的命中率较高。

### 5.3.3 配置阿里店小蜜

扫一扫

基础接待配置

启用阿里店小蜜只是意味着将其添加到千牛工作台中，若想要顺利使用阿里店小蜜，则还需要为其配置知识库。知识库是阿里店小蜜的核心功能，能否精准识别顾客咨询的问题取决于知识库的完善程度。阿里店小蜜的知识库配置与完善过程比较复杂且需要花费客服较多的时间，下面介绍两种常用的配置方法。

#### 1. 基础接待配置

顾客首次提问时，阿里店小蜜会自动接入并回复欢迎语，给顾客带来良好的服务体验。欢迎语的设置方法具体操作如下。

**步骤01** 进入阿里店小蜜首页后，单击页面顶端的⌐标准模式┐按钮，在打开的提示对话框中单

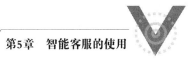

击 **确认使用** 按钮。然后单击"1 买家进店"栏中的 **去完成** 按钮，如图 5-9 所示。

图5-9 单击"去完成"按钮

**步骤 02** 进入"全自动接待设置"页面，在其中可以进行欢迎语卡片设置、相关问题推荐设置、转人工配置设置等操作，这里在"欢迎语"文本框中输入欢迎语话术，如图 5-10 所示。

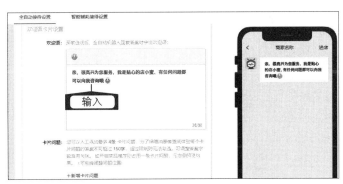

图5-10 输入欢迎语话术

**步骤 03** 在"欢迎语卡片设置"栏中单击"＋新增卡片问题"链接，在打开的设置界面中单击"编辑"按钮 ✎，如图 5-11 所示。

图5-11 单击"编辑"按钮

**步骤 04** 打开"卡片问题编辑"对话框，其中提供了"人工配置"和"智能预测"两种形式，这里保持默认设置。页面中还提供了一些行业高频问题预置答案，如果对预置答案不满意，网店客服可以自行设置，即在"卡片问题"文本框中输入要添加的问题名称，这里输入"活动优惠"，在"搜问题"下拉列表框后输入"活动"，然后单击"搜索"按钮 🔍，在显示的搜索结果页面中可以看到相关的问题答案，单击选中对应的复选框，如图 5-12 所示，

**146** 最后单击  按钮添加一张新卡片，最多可添加 4 张卡片。

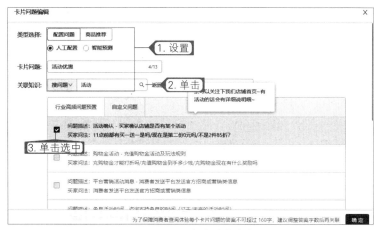

图5-12  设置新卡片的内容

**步骤 05**  继续向下拖动页面，在"相关问题推荐"栏中单击选中"机器人无答案时"对应的"开启"单选项，如图 5-13 所示，表示当阿里店小蜜不能回答顾客所提问题时会根据语义自动进行相关的问题推荐。

图5-13  开启"机器人无答案时"设置

**步骤 06**  在"转人工配置"栏中单击选中"机器人转人工"对应的"自动"单选项，并设置"转人工引导语"话术和"转人工失败提示"话术，如图 5-14 所示，表示阿里店小蜜不能回答顾客问题时系统将自动转人工客服，并显示对应的预置话术。

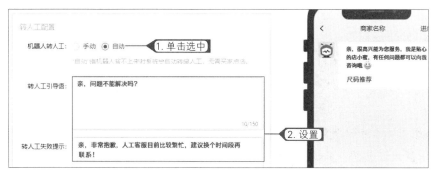

图5-14  "转人工配置"设置

**步骤 07**  在"直连人工"栏中单击选中"特定询问"列中的"补发重发""发送地址""修改收货信息"复选框，如图 5-15 所示，然后单击 保存 按钮，表示当顾客咨询的问题与千牛工作台后台设置的问题一致时，将直接进入人工接待，不再由阿里店小蜜来服务。

图5-15 "直连人工"设置

**步骤08** 若顾客前来咨询优惠活动的相关问题，阿里店小蜜将会自动弹出欢迎语和新添加的卡片内容，如图5-16所示。

图5-16 查看接待设置效果

### 2. 常见问题配置

常见问题配置包括聊天互动、商品问题、活动优惠、购买操作、物流问题、售后问题等，其具体操作如下。

扫一扫

常见问题配置

**步骤01** 进入阿里店小蜜首页后，在左侧列表中单击"问答管理"按钮，在打开的下拉列表中选择"常见问答配置"选项，打开"全部知识"页面，如图5-17所示。

图5-17 打开"全部知识"页面

**148**   **步骤 02**   "全部知识"页面中的相关热度问题答案均显示为空，需要网店客服手动添加答案。单击第一个问题中的"增加答案"链接，打开"答案编辑器"对话框，针对顾客提出的问题，在"文本内容"文本框中编辑图文答案，如图 5-18 所示。如果有需要，还可以添加表情符号以增强说服力，完成后单击 确认 按钮。

图5-18　编辑图文答案

**步骤 03**   返回"全部知识"页面，此时，第一个热度问题中将显示添加的答案，然后单击"关联问题"链接，如图 5-19 所示。

图5-19　单击"关联问题"链接

**步骤 04**   打开"关联其他问题"对话框，在其中单击"＋新增关联问题"链接，打开"关联知识编辑框"对话框，在该对话框中既可以选择不同类型的关联问题，又可以选择关联问题的回答，如图 5-20 所示，然后单击 确定 按钮。需要注意的是，不是所有关联问题都有多个备选答案，绝大部分关联问题只有一个备选答案。

图5-20　编辑关联问题

图5-20 编辑关联问题（续）

**经验之谈**

网店客服在配置常见问题时，可以为顾客咨询较多的问题设置多条回复话术，这样当顾客重复咨询同一个问题时，就可以避免反复回复一条话术的尴尬情况。

# 5.4 阿里店小蜜的基本功能

阿里店小蜜一经推出，就受到了很多网店的喜爱。为了让阿里店小蜜充分发挥其作用，提升网店的服务品质，网店客服需要了解阿里店小蜜的基本功能。下面对阿里店小蜜的常用功能，如问答管理、商品知识中的商品知识库、店铺诊断中的店铺问答诊断、跟单助手、营销增收中的智能商品推荐、质检培训等内容进行介绍。

## 5.4.1 问答管理

阿里店小蜜中的问答管理包括常见问答配置、关键字回复、直播知识库、智能尺码表、活动问答专区5个方面，其中前三项是常用功能。常见问答配置的操作方法在5.3.3小节中做了详细介绍，所以这里主要介绍关键字回复和直播知识库两项功能的设置方法。

### 1. 关键字回复

关键字应根据网店的商品定位和属性进行选择。一个标题里关键字的多少决定了这个商品能有多高的曝光率。需要注意的是，关键字不能随意捏造，要与商品的属性息息相关。下面针对促销活动设置关键字回复，其具体操作如下。

扫一扫

关键字回复

**150**　**步骤01**　进入阿里店小蜜首页后，在左侧列表中单击"问答管理"按钮▦，在打开的下拉列表中选择"关键字回复"选项，打开"关键字回复"页面，在其中单击 添加关键词组 按钮，如图5-21所示。

图5-21　单击"添加关键词组"按钮

**经验之谈**

　　在阿里店小蜜中设置关键词组时，每个网店最多可设置20组关键词，每组关键词可由10个不同的关键字或词组组合而成。关键字或词组组合时，中间用"+"符号链接。

**步骤02**　打开"关键词编辑"对话框，分别在"关键词"和"客服答案"文本框中输入相关内容，这里以顾客询问好评返优惠券为例，顾客可能会有多种问法，但都离不开好评或者优惠券两个词，所以可把这两个词设为关键词，然后输入客服答案，最后单击 保存 按钮，如图5-22所示。

图5-22　添加关键字回复

**步骤03** 返回"关键字回复"页面，其中显示了新添加的关键词组，如图 5-23 所示，然 **151**
后继续单击 添加关键词组 按钮，为网店添加其他的关键词组。

图5-23 查看添加的关键词组

### 2. 直播知识库

阿里店小蜜的直播知识库中包含大量直播间中使用频率较高的问题，下面为一些高频问题添加相关答案，其具体操作如下。

**步骤01** 进入阿里店小蜜首页后，在左侧列表中单击"问答管理"按钮 ，在打开的下拉列表中选择"直播知识库"选项，打开"直播知识库"页面，其中显示了直播间常见的高频问题，但答案均显示为空，需要客服手动添加。这里单击"主播推荐"右侧"回复内容"列表框中的"+增加答案"链接，如图 5-24 所示。

**经验之谈**

在直播知识库中，除了可以为直播间通用问题添加答案外，还可以为特定的直播新建直播知识库。操作方法：在"直播知识库"页面中单击"特定直播专用"选项卡，在打开的页面中单击 新建直播知识库 按钮，打开"新建直播知识库"对话框，在其中根据提示内容进行创建即可。

图5-24 单击"+增加答案"链接

**152** **步骤02** 打开"答案编辑器"对话框，针对直播间顾客咨询的问题编辑图文答案，如图 5-25 所示，完成后单击 确认 按钮。

图5-25 输入咨询问题的答案

**步骤03** 返回"直播知识库"页面，在第一个"主播推荐"问题中显示了添加的答案，如图 5-26 所示。如果有需要，还可以继续为当前问题添加其他答案。

图5-26 查看添加的答案

## 5.4.2 商品知识库

商品知识库相当于阿里店小蜜的商品"智能大脑"，里面储存了阿里店小蜜回复顾客时使用的商品知识信息，因此，商品知识库的创建和维护对阿里店小蜜的使用来说至关重要。下面对阿里店小蜜中的商品知识库进行管理，具体操作如下。

扫一扫
商品知识库

**步骤01** 在阿里店小蜜首页中单击左侧列表中的"商品知识"按钮，在打开的下拉列表中选择"商品知识库"选项。

**步骤02** 打开"商品知识库"页面，在其中单击"全部商品"选项卡，然后选择其中的一件商品，再单击该商品对应的"新增自定义知识"链接，如图 5-27 所示。

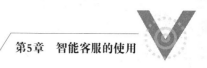

图5-27 单击"新增自定义知识"链接

**步骤 03** 打开"新增自定义知识"对话框,在"问题类型"栏中选择商品分类后,依次编辑问法,设置回复方式,文字答案等,如图 5-28 所示,然后单击 **确认** 按钮。

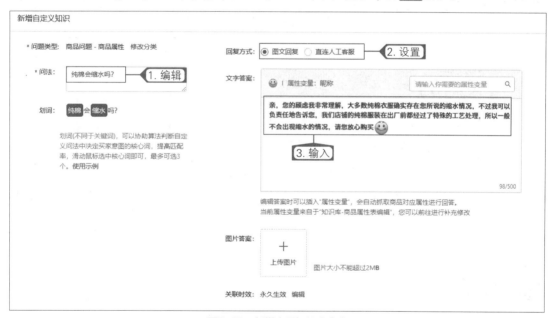

图5-28 新增商品知识库内容

### 5.4.3 店铺问答诊断

店铺问答诊断的功能是根据客服人员的接待数据,帮助商家快速补充和丰富商品知识库的答案,或者是针对已有的答案给出优化建议。通过基本的诊断分析,商家可以发现店铺存在的问题,从而找出解决问题的方法,最终达到提高商品转化率的目的。

店铺问答诊断的方法:进入阿里店小蜜首页后,在左侧列表中单击"店铺诊断"

按钮 ，在打开的下拉列表中选择"店铺问答诊断"选项，打开"店铺问答诊断"页面，其中显示了当前店铺存在的问题，如图5-29所示。此时，客服只需根据问题提示单击 去处理 按钮，然后在打开的页面中进行诊断设置即可。

图5-29　"店铺问答诊断"页面

## 5.4.4　跟单助手

阿里店小蜜中的跟单助手功能可以协助客服跟进交易的各个关键环节。目前，阿里店小蜜已经增加了【催付】下单未支付、【催付】预售尾款未付、【催拍】咨询未下单、【营销】单后推荐关怀、【营销】意向用户唤醒、【营销】复购营销、【催收货】签收未确认、【说明书】发送使用说明、【物流】缺货通知、【物流】延迟发货协商、【拒签】未收货仅退款拒签、【物流】拆包发货通知等多个跟单场景任务，如图5-30所示。

图5-30　"跟单场景任务"页面

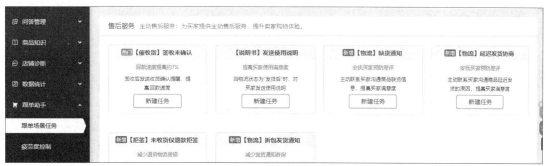

图5-30　"跟单场景任务"页面（续）

阿里店小蜜上线了跟单助手功能，该功能包括多种不同的跟单方式，可以达到多渠道触达、有效召回流失顾客的效果。为了帮助客服更好地了解不同的跟单方式，下面介绍跟单助手的使用方法，具体操作如下。

**步骤01**　进入阿里店小蜜首页后，在左侧列表中单击"跟单助手"按钮 🛒，在打开的下拉列表中选择"跟单场景任务"选项。

**步骤02**　打开"跟单场景任务"页面，单击"配置面板"选项卡，再单击"促进增收"栏中"【催付】下单未支付"选项对应的 新建任务 按钮，如图5-31所示。

图5-31　单击"新建任务"按钮

**步骤03**　打开"请选择渠道"对话框，在其中单击"千牛自动"选项对应的 新建任务 按钮，如图5-32所示。

## 经验之谈 🔍

　　"智能外呼"是一种与顾客沟通较为强势的渠道，其呼叫范围覆盖售前、售中、售后多个场景，只需要简单开启对应的场景，系统就会直接拨打电话给顾客，以此来提高催付效率。除此之外，"小蜜自动"还可以帮助客服跟进无法自动触发任务的顾客，实现二次促单。通过渠道催付时，跟单助手会以"待办任务"的方式将其推送到客服的工作面板上，客服只需确认跟进，就可完成复杂的跟进步骤。

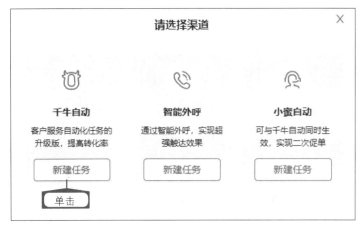

图5-32 单击"新建任务"按钮

**步骤04** 打开"新建任务"对话框，在其中根据需要设置任务名称、有效期、目标人群、话术、转人工策略等内容，然后单击 开始任务 按钮，如图5-33所示。

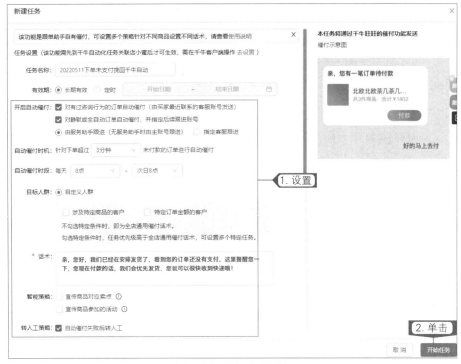

图5-33 设置新建任务

## 5.4.5 智能商品推荐

　　智能商品推荐功能可以帮助阿里店小蜜在不同场景下推荐大概率会成交的商品给顾客，最终提高客单价。当顾客发来一个商品链接时，阿

扫一扫

智能商品推荐

里店小蜜可以推荐与之搭配的商品,建议顾客一起购买,从而增加关联销售,提高全店 **157** 销量。

智能商品推荐包括求购推荐、搭配推荐、无货推荐、凑单推荐、爆款推荐等。下面介绍智能商品推荐的设置方法,其具体操作如下。

**步骤 01** 进入阿里店小蜜首页后,在左侧列表中单击"营销增收"按钮🔽,在打开的下拉列表中选择"智能商品推荐"选项。

**步骤 02** 打开"智能商品推荐"页面,在"求购推荐"选项卡中单击选中"求购推荐"栏右侧的"开启"单选项,如图5-34所示,然后单击 保存 按钮。当顾客进店咨询并表达想要购买 ×× 商品的求购意图时,阿里店小蜜就会自动推荐有可能成交的商品,示例如图5-35所示。

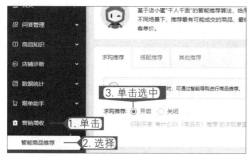

图5-34 单击选中"开启"单选项

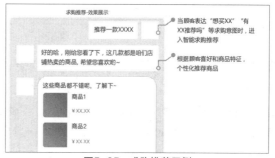

图5-35 求购推荐示例

**步骤 03** 单击"搭配推荐"选项卡,在"搭配推荐"栏右侧单击选中"开启"单选项,然后在"推荐场景"列表中单击选中需要搭配的场景对应的复选框,并在"人工搭配设置"栏中单击 单向推荐 按钮,如图5-36所示,最后单击 保存 按钮。当顾客发来商品链接并表达想要购买该商品的意图时,阿里店小蜜就会根据网店销量、顾客行为等多项数据进行商品搭配推荐,示例如图5-37所示。

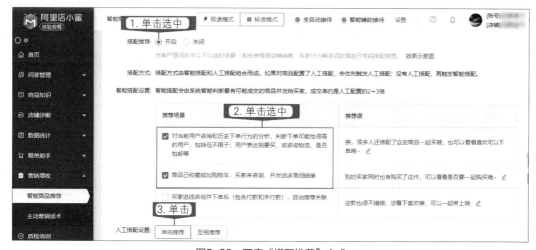

图5-36 开启"搭配推荐"方式

158

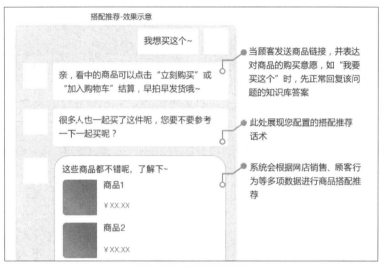

图5-37 搭配推荐示例

**步骤 04** 单击"其他推荐"选项卡，依次单击选中"无货推荐""凑单推荐""爆款推荐"栏中的"开启"单选项，如图 5-38 所示，然后单击 保存 按钮。开启"无货推荐"后，当顾客咨询的商品无货时，阿里店小蜜就会根据顾客的喜好向顾客推荐有货且相似的商品，示例如图 5-39 所示；开启"凑单推荐"后，阿里店小蜜就会主动根据优惠券满减条件、顾客喜好、商品信息等推荐凑单商品，示例如图 5-40 所示。开启"爆款推荐"后，当顾客咨询"网店活动""优惠""送礼"等问题时，阿里店小蜜就会向顾客推荐配置的爆款商品进行转化或挽回，示例如图 5-41 所示。

### 经验之谈

　　凑单推荐可以提高客单价，如果顾客咨询的商品价格已满足了优惠券的使用条件，那么阿里店小蜜就会给出相关文字介绍，并告诉顾客还有面额更大的优惠券及相关搭配，询问顾客是否需要推荐；如果顾客咨询的商品价格未满足优惠券的使用条件，则阿里店小蜜会直接给出优惠券和推荐的凑单商品。

图5-38 单击选中"开启"单选项

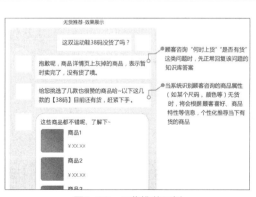

图5-39 无货推荐示例

图5-40 凑单推荐示例　　　　　图5-41 爆款推荐示例

## 5.4.6 质检培训

　　阿里店小蜜质检培训包括实时告警、常规质检、客服培训、基础设置4项功能，通过客服能力模型化设置，对客服服务进行全量考核，抽象出影响网店经营的重要告警项，实时监控预警，从而打造一站式智能质检、培训服务。质检培训分为基础版和专业版，不同版本有不同的功能，但专业版需要付费，因此，下面以基本版为例，介绍阿里店小蜜中常规质检和客服培训的设置方法，其具体操作如下。

**步骤01** 进入阿里店小蜜首页后，在左侧列表中单击"质检培训"按钮♡，进入"质检培训"页面，如图5-42所示。

图5-42 单击"质检培训"按钮

**步骤02** 单击"常规质检"选项卡，进入"日常抽检"页面，如图5-43所示，在其中可以对会话进行质检，也可以对系统智能检测的内容进行复核。

**步骤03** 单击"客服培训"选项卡，进入"培训管理"页面，如图5-44所示，官方培训会智能筛选出网店的优秀案例给客服进行培训，也可以单击 添加自定义培训 按钮，在打开的"添加自定义培训"对话框中自行设置培训名称和培训介绍内容。

服务总览　实时告警　常规质检　客服培训　基础设置　　　　📹 入门视频　反馈　帮助文档

日常抽检　质检报告　〔单击〕　质检量统计

您的签约日期为2021-06-04，功能将于签约当日才开始生产数据，次日方可查看，签约前的历史数据无法查看。
当前有23个官方推荐质检点支持官方模型检出（您已开启23个），0个自定义质检点支持自定义规则检出，点击进入设置

* 会话日期 ⓘ　　2022-05-01 00:00 ~ 2022-05-02 23:59　📅　基础版仅支持查警3日前～10日内的检测结果详情 想看更多

* 质检客服 ⓘ　○ 所有客服（含服务助手）　◉ 所有人工客服　○ 勾选指定分组客服　○ 手输指定客服

抽检范围 ⓘ

智能检出标签 ⓘ　请选择　∨　　回复回合数 ⓘ　超过　请输入　回合

是否询单流失 ⓘ　请选择　∨　　是否一次性解决 ⓘ　请选择　∨

买家账号 ⓘ　请输入买家账号　　咨询商品 ⓘ　请输入商品ID

图5-43　单击"常规质检"按钮

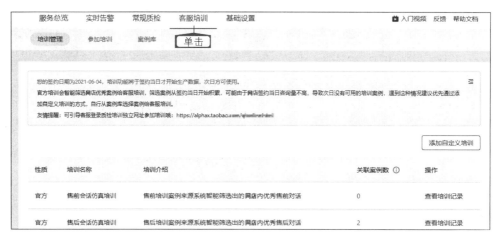

图5-44　单击"客服培训"按钮

**步骤04** 单击 参加培训 按钮，进入"参加培训"页面，其中显示了"售前会话仿真培训""售后会话仿真培训""商品问答仿真培训"3种培训类型，客服可以选择自己需要的培训内容，然后单击 进入培训 按钮，如图 5-45 所示，进入培训页面。在培训页面中即可进行会话仿真培训，图 5-46 所示为"售后会话仿真培训"页面。

图5-45　"参加培训"页面

图5-46 "售后会话仿真培训"页面

# 5.5 智能客服导师——人工智能训练师

近年来，随着人工智能技术的广泛应用，人们的工作效率和生活质量得到了极大地改善。这背后离不开人工智能训练师的默默奉献与坚持。2020年2月，"人工智能训练师""正式成为新职业并纳入国家职业分类目录，这一职业的兴起让人们不得不感叹科技迭代升级的迅速和前沿技术所具备的伟大力量。那么，人工智能训练师是如何产生的呢？对其职业能力又有何要求呢？

## 5.5.1 人工智能训练师的产生背景

一般来说，人工智能（Artificial Intelligence，AI）公司从用户那里获取原始数据后，往往无法将其直接用于模型训练，需要由AI产品经理先用相关工具进行简单处理后，再交给数据标注人员进行标注加工。在标注过程中，标注人员对数据的理解和标注质量差异较大，导致整体标注工作效率和效果都不够理想。

基于上述两个原因，"人工智能训练师"便应运而生。人工智能训练师可以通过分析产品需求和相关数据来完成数据标注规则的制定，然后将数据"输送"给人工智能，并对其进行"反复调教"，最终实现"提高数据标注工作的质量和效率"及"积累细分领域通用数据"的价值，从而使人工智能可以更好地为人类服务。

## 5.5.2 人工智能训练师的职业前景

从工作流程和工作难度来看，人工智能训练师介于数据标注和AI产品经理之间，其职

**162**　业价值也被国家、行业、企业所认可。随着人工智能在智能制造、智能交通、智慧城市、智能医疗、智能物流及其他各行各业的广泛应用，人工智能训练师的就业前景十分广阔。

目前，各大企业已逐步开始招聘并组建自己的人工智能训练师团队。招聘人工智能训练师符合当前人工智能技术的发展规律，同时，经过国家相关政策的支持和行业推广，该职业的认知发展也将达到新的高度。

## 5.5.3　人工智能训练师的职业能力要求

浙江天猫技术有限公司、阿里云计算有限公司、中国国际贸易促进委员会于2020年3月26日发布了关于《人工智能训练师职业能力要求》的相关标准，该标准规定了人工智能训练师的等级划分、基本条件及不同等级从业人员的职业能力要求。下面引用部分内容以供读者参考。

### 1. 人工智能训练师的等级划分

人工智能训练师是随着人工智能技术的广泛应用而产生的新兴职业，根据智能产品应用、数据分析、业务理解、智能训练4个维度的能力，可将人工智能训练师划分为L5～L1 5个等级。人工智能训练师的职业技能要求依次递进，L1级人工智能训练师为最高级别，高级别人员应满足低级别人员的要求。不同级别的人工智能训练师的基本要求如下。

- L5级人工智能训练师，需具备高职及以上学历，无从业时间要求。
- L4级人工智能训练师，需具备高职及以上学历，且要求相关领域从业时间大于1年。
- L3级人工智能训练师，需具备大专及以上学历，且要求相关领域从业时间大于3年。
- L2级人工智能训练师，需具备大专及以上学历，且要求相关领域从业时间大于5年。
- L1级人工智能训练师，需具备大专及以上学历，且要求相关领域从业时间大于8年。

人工智能训练师的实际从业人员若具备了高于等级要求的学历，则可减免一年从业时间的要求。

### 2. 人工智能训练师的基本条件

人工智能训练师需要具备职业道德要求、基本素质要求和基础知识要求。

（1）职业道德要求

人工智能训练师的职业道德应包括但不限于以下要求。

- 爱岗敬业、勤奋工作。
- 诚实守信、严谨求是。
- 遵纪守法、自律自守。
- 尊重商业伦理，保守商业秘密。

（2）基本素质要求

人工智能训练师的基本素质应包括但不限于以下要求。

- 具备应用人工智能技术相关领域的专业知识，如客服、教育、医疗等。
- 具备良好的学习能力、沟通与判断能力、创新能力等。

● 具备计算机操作及相关工具的使用能力。

（3）基础知识要求

人工智能训练师应了解和掌握人工智能技术的基本概念，以及与人工智能产品相关的专业知识。

### 3. 人工智能训练师的职业能力

国家人力资源和社会保障部发布了《人工智能训练师国家职业技能标准（2021年版）》（简称"《标准》"），根据《标准》所知，从数据采集和处理、数据标注、智能系统运维、业务分析、智能训练、智能系统设计等维度划分了 L5 ～ L1 5个等级，并对各个等级的职业能力给出了具体的描述和要求。

不同等级的人工智能训练师需要掌握的理论知识及技能要求是不一样的。如对五级/初级工和四级/中级工来说，重点考查的是"数据采集和处理"和"数据标注"这两个方面的能力；而对于三级/高级工、二级/技师、一级/高级技师来说，重点考查的是"智能训练"和"智能系统设计"这两个方面的能力。下面列举了不同等级下人工智能训练师应重点掌握的职业技能。

（1）L5级和L4级人工智能训练师应掌握的职业技能，如表5-1所示。

表5-1　L5级和L4级人工智能训练师应掌握的职业技能

| 职业能力 | L5 级职业技能要求 | L4 级职业技能要求 |
| --- | --- | --- |
| 数据采集和处理 | 业务数据采集：<br>①能够利用设备、工具等完成原始业务数据的采集；<br>②能够完成数据库内业务数据的采集。<br>业务数据处理：<br>①能够根据数据处理要求完成业务数据的整理归类；<br>②能够根据数据处理要求完成业务数据的汇总 | 业务数据质量检测：<br>① 能够审核预处理后的业务数据；<br>② 能够结合人工智能技术要求梳理业务数据的采集规范；<br>③ 能够结合人工智能技术要求梳理业务数据的处理规范。<br>数据处理方法优化：<br>① 能够对业务数据采集流程提出优化建议；<br>② 能够对业务数据处理流程提出优化建议 |
| 数据标注 | 原始数据清洗与标注：<br>① 能够根据标注规范和要求，完成文本、视觉、语音数据的清洗；<br>② 能够根据标注规范和要求，完成文本、视觉、语音数据的标注。<br>标注后数据分类与统计：<br>① 能够利用分类工具分类标注后的数据；<br>② 能够利用统计工具统计标注后的数据 | 数据归类和定义：<br>① 能够运用工具分析杂乱的数据，并输出其内在关联和特征；<br>② 能够根据数据的内在关联和特征进行数据归类；<br>③ 能够根据数据的内在关联和特征进行数据定义。<br>标注数据审核：<br>① 能够完成标注数据的准确性和完整性审核，并输出审核报告；<br>② 能够纠正审核过程中发现的错误；<br>③ 能够根据审核结果完成数据筛选 |

（2）L3 级、L2 级和 L1 级人工智能训练师应掌握的职业技能如表 5-2 所示。

表5-2　L3级、L2级和L1级人工智能训练师应掌握的职业技能

| 职业能力 | L3 级职业技能要求 | L2 级职业技能要求 | L1 级职业技能要求 |
|---|---|---|---|
| 智能训练 | 数据处理规范制定：<br>① 能够结合人工智能技术要求和业务特征设计数据清洗和标注流程；<br>② 能够结合人工智能技术要求和业务特征制定数据清洗和标注规范。<br>算法测试：<br>① 能够维护日常训练集与测试集；<br>② 能够使用测试工具测试人工智能产品的使用；<br>③ 能够分析测试结果，编写测试报告；<br>④ 能够运用工具分析算法中错误案例产生的原因并进行纠正 | 算法测试：<br>① 能够结合业务特征构建算法的高质量训练集，并使其成为算法的核心竞争力；<br>② 能够结合业务特征构建算法的黄金测试集，并使其作为算法上线前的质量保障；<br>③ 能够结合业务特性设计合理的测试方案。<br>智能训练流程优化：<br>① 能够根据日常算法模型的训练提出训练产品优化需求并推动实现；<br>② 能够根据日常算法模型的训练提出训练方法的新思路 | 算法测试：<br>① 能够根据算法的前瞻性制定智能训练的整体产品能力矩阵；<br>② 能够根据算法的前瞻性制定智能训练的整体迭代优化方案；<br>③ 能够制定训练集及测试集的标准。<br>智能训练流程优化与产品化：<br>① 能够完整测试和训练复杂的智能系统，并做出报告编写；<br>② 能够结合人工智能技术对智能训练的完整体系提出新思路、新方向，并推动产品更新 |
| 智能系统设计 | 智能系统监控和优化：<br>①能够全面分析单一智能产品使用的数据，并输出分析报告；<br>②能够对单一智能产品提出优化需求；<br>③能够为单一智能产品的应用设计智能解决方案。<br>人机交互流程设计：<br>①能够通过数据分析找出单一场景下人工和智能交互的最优方式；<br>②能够通过数据分析设计单一场景下人工和智能交互的最优流程 | 智能产品应用解决方案设计：<br>①能够在某一业务领域中设计包含多个智能产品的解决方案并推动实现；<br>②能够基于某一业务领域，并结合多个智能产品设计新的全链路智能应用流程。<br>产品功能设计及实现：<br>①能够将解决方案转化为产品功能需求；<br>②能够推动产品功能需求的实现并达成项目目标 | 智能产品应用解决方案设计：<br>①能够在复杂业务领域中设计包含多个智能产品的解决方案并推动其实现；<br>②能够跨多业务领域设计智能产品应用方案，解决业务问题。<br>平台化推广：<br>①能够将方法论沉淀，并将其应用到智能算法或者知识体系中，给行业带来变革；<br>②能够独立统筹并推动项目进行，以及推动多个智能产品的一系列运营，实现项目目标 |

**经验之谈**

　　无论是在线、语音还是图像的人工智能训练师，除了需要具备上述的基本职业技能外，还应具备业务理解能力，唯有对顾客、客服中心、业务知识等有足够的了解，人工智能训练师才能构建出范围全面、框架清晰、直达顾客痛点的智能服务产品。

# 5.6　本章实训

（1）请你说一说生活中所接触的智能服务产品。

（2）尝试在千牛工作台中开启阿里店小蜜服务，并对进店欢迎语进行配置。

（3）尝试使用阿里店小蜜中的"跟单助手"功能对咨询未下单的顾客进行催付。
图 5-47 所示为设置的催付效果。

图5-47　催付效果

# 6

# 客户关系
# 管理

客户关系管理，顾名思义就是以顾客为中心，不断加强与顾客的交流，并不断改进商品及服务，最后汇总和整理顾客信息的过程。客户关系管理的核心是顾客价值管理，即通过"一对一"的营销原则，满足顾客不同价值的个性化需求，实现顾客价值的持续增长，从而全面提升网店的盈利能力。

网店客服作为电子商务行业中的一员，一定要将"顾客至上"的理念铭记在心，为顾客提供满意的服务。只有通过耐心、细致的关怀，才能让更多顾客感受到网店客服的真情服务。

- 让顾客满意是网店的最终目标。
- 通过顾客关系的有效管理，实现自己的人生价值。

视野拓展

# 6.1 客户关系管理基础

案例导入

网店要发展，客户
关系管理是关键

客户关系管理是一个持续而细致的工作，它需要网店分析顾客的行为特征和消费习惯，然后不断与顾客加强交流，进而满足顾客的需求。

## 6.1.1 什么是客户关系管理

客户关系管理就是深入分析顾客的详细资料，以提高顾客的满意度和忠诚度，进而提升网店竞争力的一种手段。网店在客户关系管理过程中需要解决的问题包括顾客购买一次商品后不再光顾本店，客服应该怎么做；遇到节假日，是否应该对老顾客进行信息推送；以及如何根据老顾客的消费习惯来挖掘顾客需求等。

网店可以通过客户关系管理系统来解决上述问题，即通过对顾客的性别、年龄、性格、爱好、购物时间、购买商品、成交金额、购物赠品、会员级别等数据进行统一的数据库管理，然后再对顾客进行有针对性的关怀和营销，这样将会极大地提高顾客的回头率，从而使网店利润得到成倍的增长。

## 6.1.2 客户关系管理的基本方法

在竞争日益激烈的大环境下，顾客成为网店发展所必备的重要资源，因此，做好客户关系管理工作就成为客服工作的重要内容。要想维护好顾客关系，客服可以通过以下3种方法来实现。

- **跟踪维护**：跟踪维护工作是提高顾客对客服服务满意度的前提，是促进客服与顾客关系保持稳定发展的基石。做好跟踪维护工作不仅要有热情、友善的服务态度，还应具备及时发现顾客问题并解决问题的能力，如利用微信、QQ等工具进行互动，识别顾客需求，给顾客当好参谋。
- **建立顾客档案**：建立完善的顾客档案信息，搜集潜在的顾客资料，挖掘顾客需求，并对顾客信息进行分类管理，充分了解顾客的性格与习惯，建立朋友式的顾客关系。
- **以顾客为中心**：以诚待人，尊重顾客。客服在与顾客交流时，一定要树立良好的形象，从顾客利益出发，以顾客满意为目标。在服务顾客的过程中，"亲情维护"是一种有效的工作方法。需要注意的是，亲情维护并不是简单地与顾客拉关系、套近乎，更不是一味地讨好顾客，而是在为顾客服务的过程中，客服能够设身处地为顾客着想，让亲情引领服务，将所有的服务方式与技巧有机地融入亲情之中。

### 6.1.3 客户关系管理策略

顾客为网店带来了直接收益，而这些收益能够促使网店为顾客提供持久优质的服务，所以，网店和顾客之间的关系是相辅相成的。网店不仅要做好客户关系管理，还要制定相关的管理策略和方法，从而确保客户关系的稳定发展。

- **保证商品质量：** 商品质量的好坏会直接影响顾客的忠诚度。顾客在购买商品时，都希望平台上的图片和实际商品一样，颜色、型号等也尽量不会出现偏差。可见很小的失误都会影响顾客的忠诚度。另外，优质的商品是电子商务成功的基础，它既可以帮助顾客简化购买决策，又会影响顾客的忠诚度。

- **提供优质服务：** 顾客之所以愿意购买平台上的某个商品，其根本原因在于顾客认为该商品能够满足自己的需求，同时还能够享受优质的服务。因此，网店在管理客户关系时，提供优质的商品和服务是首要的，其中，优质的服务是维系客户关系的根本所在。

- **持续沟通：** 为了维系客户关系，网店需要与顾客进行持续沟通。持续沟通不仅可以了解顾客的购物心理和需求，还可以更好地维系客户关系。

- **换位思考：** 了解顾客就是了解市场，换位思考就是针对市场做出有效调整，这是客户关系管理的重要策略。一个新商品在电商平台出售前，网店首先要了解市场和目标人群，并有一定的预期（大型网店还可以进行顾客画像），从而提高商品竞争力。多站在顾客的角度思考问题，是网店成功销售新品的前提条件。

### 6.1.4 网店CRM系统的运作模式

在市场同质化日益严重的情况下，更多顾客趋向于追求更好的服务体验。对网店来说，以顾客为中心，关注顾客需求，并对顾客不断变化的需求迅速做出反应的能力将成为网店成功的关键。因此，在这样背景下，一些网店选择用辅助工具和系统来改善和顾客之间的关系，如CRM系统。通过CRM系统，网店不仅能为顾客提供快捷方便的服务，还能吸引并留住更多的顾客。

网店CRM系统其实就是电商会员管理系统，即对网店内的会员及非会员顾客进行全方位的管理，通过互动、网店签到、短信、优惠券等不同的营销手段接触顾客，实现顾客的拉新和复购，其目的是促使顾客进行二次或多次购物。

网店CRM系统的运作模式主要体现在以下4个方面。

- **会员分类：** 网店根据顾客的消费特点、消费商品进行精确分类，进而对同一类顾客发送具有针对性的短信。

- **会员互动：** 互动能增加网店与会员之间的情感，通过"互动+积分"的方式有效增 **169** 强会员积极性，提高营销质量和交易成功率。

- **会员折扣：** 网店对不同级别的会员实施有针对性的营销活动，即自动给出不同的 价格，对忠诚顾客、老顾客、新顾客进行区分，从而持续留住老顾客，增强顾客 黏性。

- **优质服务：** 网店可以通过CRM系统有针对性地为每一位顾客提供优质服务，最大 化地满足顾客需求，赢得顾客对网店的认同，从而提高顾客忠诚度。

## 6.2 顾客分析与打标签

客服在服务顾客的过程中可能会遇到不同类型的顾客，而他们不可能完全记住每一位 顾客的特征、需求、爱好等信息。此时，如果为顾客打上标签，那么当顾客下次再来购买 商品时，客服就可以通过标签对顾客进行精准销售，从而提高工作效率。

### 学思融合

**课堂活动：** 俗话说："第一印象很重要。"网店客服要如何做才能给顾客留下良 好的第一印象呢？在顾客进店询单时，客服需要快速在大脑中调取该顾客的特征、喜 好等信息，迅速判断出适合的话术和营销策略，从而给顾客留下良好的第一印象。那 么，这种快速在大脑中调取顾客信息的技能是如何实现的呢？

**活动分析：** 其实这个方法并不难，一个顾客标签就可以解决，即通过千牛工作台 为顾客打标签。通过顾客标签，客服能迅速输出恰到好处的营销话术，而针对顾客标 签进行个性化服务的行为也是网店提升顾客服务体验、提高市场竞争力的有力手段。 需要注意的是，客服为顾客打标签时应当尊重顾客的个人意愿并坚守相关的法律底 线，如对顾客信息的收集应当是合理的、必要的；对顾客的信息要严格保密，不得泄 露、出售或者非法向他人提供。

### 6.2.1 顾客购物来源分析

分析顾客进入网店的途径可以帮助客服了解顾客的浏览偏好及购物行为习惯。 一般来说，淘宝网常见的顾客购物来源包括搜索、活动、购物车、分享及回购5种，如图 6-1所示。从不同来源进入网店的顾客有着不同的特点，客服应根据其特点进行有效 沟通。

图6-1 常见的顾客购物来源

### 1. 搜索

通过搜索进入网店的顾客，其购买目标明确。这类顾客往往是带着购物需求来咨询客服的，其成交率一般较高。

### 2. 活动

通过活动进入网店的顾客，绝大多数是对价格比较敏感的顾客，他们可能没有明确的购物需求，但因为价格优惠，所以才被吸引进来。这部分顾客通常只是记住了要购买的商品，却没有记住网店名称。

### 3. 购物车

顾客通过搜索、对比后，会将喜欢的商品主动加入购物车，但却迟迟没有下单。出现这种情况一般有两种可能：一种是顾客很喜欢该商品，但对价格不满意，所以想等到网店促销时再买；另一种是该商品对于顾客来说可有可无，没有到非买不可的地步，所以不着急下单。此时，若顾客进店询单，客服只需及时告知网店优惠即可。

### 4. 分享

微信、手机淘宝的快捷、方便让越来越多的网购人群选择用手机下单，并在朋友圈分享购物体验。对于这类顾客，客服一定要好好把握，因为他们的身后还有无数的潜在顾客。如果网店赢得了一位顾客的好感，那就意味着同时赢得了他身后无数潜在顾客的好感。

### 5. 回购

在商品质量让顾客满意的前提下，当顾客有再次购买商品的需求时，就会第一时间想起曾经购买过商品的网店。这首先是因为顾客对网店的商品和服务都有所了解，信任度高；其次是顾客也不愿意再经历一次搜索、筛选、对比的麻烦，因此会选择回购。

## 6.2.2 使用千牛为顾客打标签

为了便于分辨顾客，为其提供更好的服务，客服会给顾客打上标签，将同类顾客放在一起，以便针对同类顾客做促销活动的信息推送。在与顾客进行沟通时，客服可以通过千牛工作台给顾客简单地打上标签，其具体操作如下。

**步骤01** 登录千牛工作台后，单击工具条中的"接待中心"按钮 ◙ ，打开"接待中心"页面，在联系人窗格中选择要打标签的顾客昵称，如图 6-2 所示。

扫一扫

使用千牛为客户打标签

**步骤02** 在聊天窗口中单击"首页"选项卡中"客户信息"对应的"展开"按钮 ⊙ ，在打开的下拉列表中单击 修改备注 按钮，如图6-3所示。

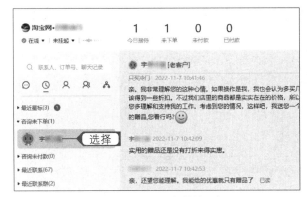

图6-2　选择要打标签的顾客

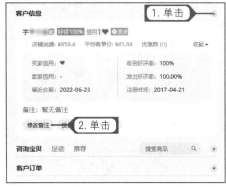

图6-3　单击"修改备注"按钮

**步骤03** 打开"修改备注"对话框，单击选中相应的复选框，再单击 保存提交 按钮，如图6-4所示。

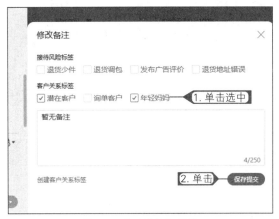

图6-4　为顾客添加标签

**步骤04** 返回聊天窗口，在"客户信息"栏中显示了顾客的标签信息，如图6-5所示。当顾客再次联系客服时，客服就可以通过顾客标签内显示的内容迅速判断该顾客的特征，并调整自己的沟通方式。

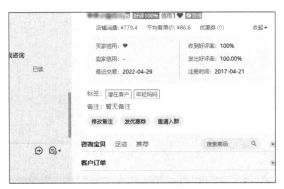

图6-5　成功添加标签后的效果

172

**经验之谈**

　　添加多个客户标签的方法：在"修改备注"对话框中单击"创建客户关系标签"链接，在打开的"客户运营平台"页面中单击 新增分组 按钮，打开"新建分组"页面，在其中输入分组名称后，单击 确定 按钮，然后再按照上述操作为顾客手动添加新建的标签。需要注意的是，不同的类目，因为商品存在差异性，所以标签的设立方式也会有所不同。例如，化妆品类目常用的标签有肤质（中性、干性、敏感等）、顾客需求（补水、美白、控油等）。

## 6.2.3　官方顾客标签

　　客服除了可以自行为顾客设立个性化标签外，还可以根据淘宝网官方平台提供的现有标签来为顾客划分群组。淘宝网官方有两种显示会员等级的方法，分别是顾客信用等级和淘宝VIP。

### 1. 顾客信用等级

　　淘宝网中的顾客信用等级用心、钻、冠来体现，与商家等级相对应。顾客只要在淘宝网上进行了交易，并且交易成功给好评后，就可以增加一个信用等级，如图6-6所示。

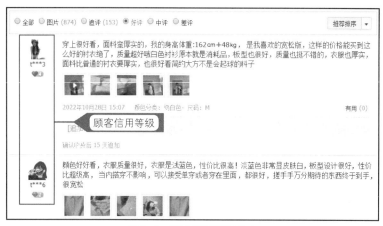

图6-6　顾客信用等级展示

### 2. 淘宝VIP

　　淘宝VIP必须是通过支付宝实名认证的会员，其会员成长体系包括7个会员等级。会员等级由"成长值"决定，会员在淘宝的各种活跃行为（购物、聊天、分享等）均能获得成长值，成长值越高，会员等级就越高。成长值实际上就是累计购物金额，其中旅游商品（指旅游套餐、门票等，不包括国内机票）、酒店类型交易、保险、理财、电子凭证交易不计算在内。例如，V1级别需要成长值达到1 000点，V6级别则需要成长值达到

800 000 点，如图 6-7 所示。淘宝 VIP 级别越高，说明顾客消费能力越强，为优质顾客。

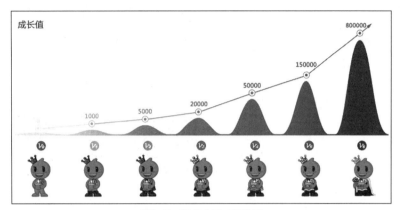

图6-7 淘宝会员成长体系

## 6.2.4 网店会员管理

会员是网店重要的无形资产，对网店会员进行筛选和管理是客服的重要职责之一。客服可以通过淘宝网提供的"客户运营平台"工具对网店会员进行合理且有效的管理，其具体操作如下。

**步骤 01** 登录千牛工作台首页后，在页面上方的搜索栏中输入"客户"，然后在打开的搜索列表中选择"客户运营"选项，如图 6-8 所示。

**步骤 02** 进入"客户运营平台"页面，在左侧列表中单击"客户管理"按钮，在打开的下拉列表中选择"客户列表"选项，在打开的"客户列表"页面中单击"未成交客户"选项卡，如图 6-9 所示。

图6-8 选择"客户运营"选项

图6-9 单击"未成交客户"选项卡

**步骤 03** 单击选中"客户信息"复选框，再单击 批量设置 按钮，打开"批量修改"对话框，在其中单击 +添加标签 按钮，在打开的下拉列表中选择"询单客户"选项，然后单击 确定 按钮，如图 6-10 所示。

174

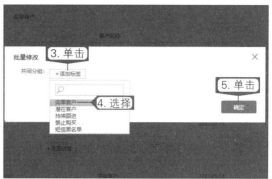

图6-10　批量添加"询单客户"标签

**步骤04**　返回"未成交客户"页面，查看批量添加"询单客户"标签的效果，如图6-11所示。

图6-11　查看效果

# 6.3　维护顾客关系

在销售过程中，维护顾客关系是网店客服每天要做的事情，只有让顾客体验到良好的服务和商品的附加价值，客服才能与顾客建立超越买卖关系的信赖感。想要维护好顾客关系，客服可以从以下4个方面着手。

## 6.3.1　与顾客建立信赖感

大部分顾客希望在电商平台上得到真实、准确的网店信息。对于网店来说，客服的首要工作就是得到顾客的信任，这就要求客服能够将心思放在顾客身上，谈顾客所关心的问题，深入了解顾客的实际需求，帮助顾客解决问题。一旦得到了顾客的信任，网店运营就会变得轻松简单。图6-12所示的商品评价中的好评显示了网店的实力，使网店在得到老顾客肯定的同时，也能得到新顾客的信任，只要新顾客明确表达了愿意再次光顾的意图，就代表网店与顾客建立了信赖感。

完全出乎我的意料，**手机性能好，外观也好看，朋友们赶紧入手！**

05.02

机身颜色：
套餐类型：
存储容量：
版本类型：

解释：感谢您一直以来的支持，星雨心愿采用星雨光刻工艺，在冷暖双色的晶钻玻璃后盖表面实现了精密雕刻，汇聚了 120 万道星雨光痕，每条纹理的光刻精度达到了8微米，既有如流星划过星河般的美丽光影，又能保证手机独特的细腻触感。快递小哥拿到手机的那一刻，就好似脱缰的骏马般，嗖的一下就给您送到了呢~

手机收到了，物流很快，包装无破损，**上手也很舒适。下次推荐朋友也购买。**

04.30

机身颜色：
套餐类型：
存储容量：
版本类型：

图6-12　好评显示了网店实力

## 6.3.2　顾客忠诚度管理

通过前面的学习，我们已经知道了维护老顾客的重要性，那么怎样才能与顾客建立长期的合作关系，并增强顾客的忠诚度呢？客服可以通过划分顾客等级、设置顾客 VIP 等级等方式来实现顾客忠诚度的管理。

### 1. 划分顾客等级

网店依据可量化的价值和不可量化的价值划分顾客等级。

- **可量化的价值：** 可量化的价值主要着眼于顾客在网店的消费情况。顾客消费越频繁，消费金额越多，所创造的利润价值就越高，级别自然也就越高。
- **不可量化的价值：** 不可量化的价值可以理解为由于顾客自身的购买能力有限，为网店创造实实在在的销量可能对他们而言有些困难，但他们乐于宣传和分享，能够通过QQ、微博、微信等宣传工具吸引更多的顾客前来购买。

一般将顾客划分为 6 个等级，分别为沉睡顾客、潜在顾客、新顾客、老顾客、大顾客和忠诚顾客，如表 6-1 所示。

表6-1　顾客等级划分

| 顾客等级 | 顾客特征 | 客服可以做什么 |
|---|---|---|
| 沉睡顾客 | 在网店至少有过一次购买经历，但由于某些原因不愿意再光顾网店 | 通过发送优惠券、提醒上新等方式制造机会，唤起顾客对网店的记忆，争取再次赢得顾客的信任并促成其购买 |
| 潜在顾客 | 这类顾客访问过网店或咨询过客服，但还没有产生实质性的购买交易 | 激起顾客的购买兴趣，让顾客产生购买欲望，成为网店的新顾客 |

176

续表

| 顾客等级 | 顾客特征 | 客服可以做什么 |
|---|---|---|
| 新顾客 | 与网店刚产生第一笔交易，第一次在网店消费的顾客是网店成长的新生力量 | 重点介绍网店和商品，并给予顾客一定的优惠，促成顾客的再次购买 |
| 老顾客 | 在网店中有多次购买经历 | 巩固这类顾客对网店的信任感，并及时让顾客知晓网店的动态，使其形成一种固有的消费习惯 |
| 大顾客 | 购买的次数不算太多，但每次的购买数量和消费金额都很大 | 深度了解顾客的需求，改变一定的服务方式，尽可能节约顾客的时间成本 |
| 忠诚顾客 | 清楚地知道网店的上新时间、商品性能，与客服非常熟悉 | 用心维护好这类顾客，倾注更多的私人情感 |

　　根据表 6-1 将顾客分为上述几个等级后，客服就要根据不同等级的顾客做不同程度的维护，使得维护工作更具有针对性。除了上述顾客等级划分方式外，客服还要对顾客的优劣程度进行衡量和划分，以维护优质顾客，淘汰劣质顾客，如图 6-13 所示。

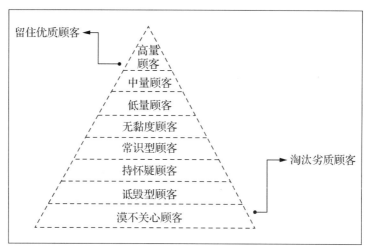

图6-13　顾客的优劣程度划分

经验之谈

　　优质顾客一般具有以下 5 个特征：①有强烈的购买欲望且购买力度大，并且能够反复购买；②下单快且付款及时；③对商品有着良好的信任，能够容忍服务中的一些偶然失误，并且在成交记录中从未出现过差评；④乐于向其他人推荐网店的商品，经常在朋友圈或微博分享商品的使用心得；⑤周期性重复购买，并且不会一味地纠结商品价格。

## 2. VIP会员设置原则

VIP指的是网店的重要顾客，这类顾客会给网店带来持续的利益，对网店的发展也会做出一定的贡献。那么，客服要根据哪些因素来设置会员的等级呢？会员等级设置需要遵循什么原则呢？顾客的价值大小又是由哪些因素决定的呢？下面就将介绍一个重要模式——RFM模式。

RFM模式是衡量顾客价值和顾客创利潜力的重要工具和手段。RFM模式主要由以下3个指标组成。

- **R（Recency）**：最后一次消费，指顾客最近一次购买商品的时间。距离上一次消费时间越近的顾客所具备的创利潜力越强。
- **F（Frequency）**：消费频率，指顾客在最近一段时间内购买商品的次数。购买频率越高的顾客对网店的发展更有推动力。
- **M（Monetary）**：消费金额，指顾客在最近一段时间内购买商品所花费的金额。一般来说，网店80%的利润来自20%的顾客。消费金额越高的顾客越值得客服提供优质的服务。

了解这3个指标的含义后，客服就需要找准顾客这3个指标的相关数据，然后将这些数据分别进行横向的统计对比，接着再将这3个指标的数据与网店的平均值进行对比，依照结果将顾客分为8类，最后再根据这8类顾客来进行顾客等级设定，如表6-2所示。

**表6-2 顾客等级设定**

| Recency（最后一次消费） | Frequency（消费频率） | Monetary（消费金额） | 顾客类型 | 顾客等级 |
|---|---|---|---|---|
| 下降趋势 | 上升趋势 | 上升趋势 | 重要优质顾客 | 尊贵VIP会员 |
| 下降趋势 | 下降趋势 | 上升趋势 | 重要发展顾客 | |
| 上升趋势 | 上升趋势 | 上升趋势 | 重要保持顾客 | VIP会员 |
| 上升趋势 | 下降趋势 | 上升趋势 | 重要挽留顾客 | |
| 下降趋势 | 上升趋势 | 下降趋势 | 一般价值顾客 | 高级会员 |
| 下降趋势 | 下降趋势 | 下降趋势 | 一般发展顾客 | |
| 上升趋势 | 上升趋势 | 下降趋势 | 一般保持顾客 | 普通会员 |
| 上升趋势 | 下降趋势 | 下降趋势 | 一般挽留顾客 | |

**178**

### 3. 设置顾客VIP等级

客服可以在千牛工作台的"客户运营平台"页面中设置顾客的VIP等级，包括普通会员、高级会员、VIP会员和尊贵VIP会员4种。客服在设置时要科学谨慎地分析，一旦设置了顾客VIP等级，就只能升级，不能降级。下面设置网店中顾客的VIP等级，其具体操作如下。

**步骤01** 登录千牛工作台首页后，在页面上方的搜索栏中输入"客户"，在打开的搜索列表中选择"客户运营"选项。

**步骤02** 进入"客户运营平台"页面，在左侧列表中单击"忠诚度管理"按钮，进入"忠诚度管理"页面，然后单击"VIP设置"选项右侧的 立即设置 按钮，如图6-14所示。

图6-14 单击"立即设置"按钮

**步骤03** 打开"自定义会员体系"页面，在其中单击"普通会员（VIP1）"右侧的"启用"按钮，如图6-15所示。

**步骤04** 开启普通会员的设置模式，然后分别在"交易额"和"交易次数"文本框中输入"300"和"3"，在"折扣"文本框中输入"9.8"，最后单击"保存"按钮，如图6-16所示。

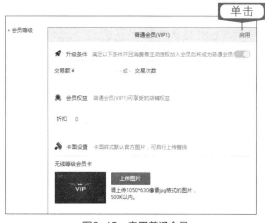

图6-15 启用普通会员

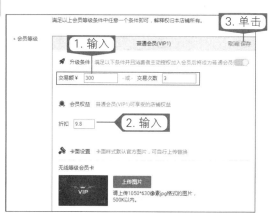

图6-16 设置普通会员

**步骤05** 此时，"自定义会员体系"页面的"入会规则"栏中将自动添加已设置的升级条件规则，然后在"高级会员（VIP2）"右侧单击"启用"按钮，如图6-17所示。

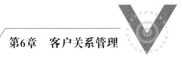

图6-17　启用高级会员

**步骤 06**　单击"升级条件"右侧的"关闭"按钮，启用编辑功能，此时该按钮将变为"开启"状态，表示可以进行设置，然后使用相同的方法在"交易额""交易次数""折扣"文本框分别输入"800""5"和"8.8"，最后单击"保存"按钮，如图 6-18 所示。

图6-18　设置高级会员

**步骤 07**　使用相同的方法设置"VIP 会员（VIP3）"和"尊贵 VIP 会员（VIP4）"的升级条件，如图 6-19 所示，完成后单击页面底部的 保存 按钮进行保存。

图6-19　设置VIP会员和尊贵VIP会员

**经验之谈**

　　在设置顾客 VIP 等级时，为了吸引顾客前来购买，客服除了可以对交易额、交易次数、折扣进行设置外，还可以使用会员卡来引起顾客的注意。操作方法：在编辑会员等级的状态下，单击 <u>上传图片</u> 按钮，打开"打开"对话框，在其中选择设置好的卡片样式后，即可完成自定义会员卡样式的设置。

## 6.3.3　维护顾客资源

　　对于网店来说，老顾客是一种特有的资源，需要精心维护。营销活动是维护老顾客关系的一种非常有效的方法。在开展营销活动前，客服应该先思考两个问题，即活动的对象是谁？应该使用哪种营销方式？为了满足不同活动对象的营销要求，淘宝网提供了"短信触达"和"智能复购提醒"两种智能营销方式，原有的"上新老客提醒""短信营销""优惠券关怀"营销方式已正式下线。

### 1. 短信触达

　　淘宝网中的短信触达是对指定人群进行优惠券、短信及定向海报发送的一种营销方式。下面在"客户运营平台"页面中创建短信触达营销方式，其具体操作如下。

**步骤01**　在"客户运营平台"页面中单击"运营计划"按钮 ⚙，在打开的下拉列表中选择"智能触达"选项，打开"智能触达"页面，在其中单击"短信触达"对应的 <u>立即创建</u> 按钮，如图 6-20 所示。

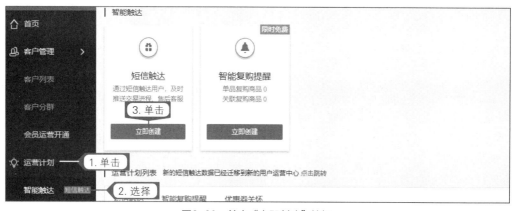

图6-20　单击"立即创建"按钮

**步骤02**　打开"用户运营中心"页面，在"人群"栏中的"标题"文本框中输入活动名称"短信营销"，然后单击选中"自定义"选项卡中的"成功付款次数"单选项，如图 6-21 所示。

图6-21 选择目标人群

**经验之谈**

如果目标人群中没有符合短信营销计划的顾客，那么可以单击"选择运营人群"右侧的 新建人群 按钮，在打开的"自定义人群"页面中重新创建目标人群。

**步骤03** 在"优惠券"栏中选择需要使用的优惠券，在"推广渠道"栏中单击选中"短信推广"对应的单选项，并输入短信内容和手机号码，然后设置推送时间，如图 6-22 所示，最后单击 一键推广 按钮完成设置。

图6-22 设置短信推广

### 2. 智能复购提醒

淘宝网中的智能复购提醒主要是针对购买过网店中某些复购率较高商品的顾客，在商品复购周期内，对这些顾客通过消息盒子等方式推送商品复购提醒信息。下面在"客户运营平台"页面中创建智能复购提醒

扫一扫

智能复购提醒

**182** 营销方式，其具体操作如下。

**步骤 01**　在"客户运营平台"页面中单击"运营计划"按钮 💡，在打开的下拉列表中
选择"智能触达"选项，打开"智能触达"页面，在其中单击"智能复购提醒"对应的
立即创建 按钮。

**步骤 02**　打开"智能复购提醒"页面，选择单品复购的商品，该商品最近 30 天内购买人
数 >50，且 180 天内复购率 >0.3% 才能作为复购商品，这里单击选中对应商品的复选框，
如图 6-23 所示。

图6-23　选择单品复购的商品

**步骤 03**　使用相同的方法在"关联营销商品"栏中单击选中需要关联的商品。

**步骤 04**　在"选择权益"栏中单击选中需要使用的优惠券，然后输入"计划名称"和选择
"计划时间"，如图 6-24 所示，最后单击"创建运营计划"按钮，确认创建活动。

图6-24　设置选择权益及计划名称和时间

## 6.3.4　留住顾客的技巧

　　源源不断的客源是网店能够保持长期经营的重要保障。新店较为烦恼的事就是网店的
点击率低，更不知该如何维护顾客等。维护顾客是销售的关键，要想留住顾客，客服除

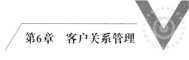

了要提供优质的服务外，还需要深入了解更多的细节。

- **紧随：**新顾客第一次收到商品后所做出的评价，即使有所抱怨，客服也要从评价中提取有用的信息，这样不仅可以了解自家商品的缺陷，还可以让顾客对网店产生一种信任感。

- **紧追：**根据顾客的购物记录和浏览足迹分析顾客的购买习惯和喜好。如果确定了顾客喜欢的商品风格，客服就可以定期对其进行回访，如新货通知、活动公告等。

- **抓住顾客的心：**仅仅了解顾客的喜好是不够的，客服还要学会抓住顾客的心。新顾客购买商品后，客服给其发货时要包装仔细。客服还可以为顾客准备一份温馨的小礼物，以此来抓住顾客的心。顾客收到礼物时不仅会有惊喜，还会有感动。

- **节约成本：**站在顾客的立场思考，尽量为顾客节省每一分钱。为了增加顾客购物的次数，网店可以推出积分制，如消费1元可以积1分，以此类推，积累到一定程度后就可以换购某件商品，或者可以将积分折算成现金来购买网店的商品。网店还可以推出折扣制度，如"买两件以上八折"等，让顾客享受更多的实惠。

- **定时更新：**网店里的商品最好一周更新一次，让顾客随时保有新鲜感。顾客如果真的喜欢网店里的商品，那么他们有时间就会进店浏览一下商品；如果网店里的商品总是一成不变，那么再有兴趣的顾客也会流失。

- **细心：**细心的客服总是让人难以忘怀。如果有时间，客服可以多与顾客沟通，了解顾客的喜好、性格、购物理念等，把每位顾客当成自己的朋友。

## 6.4　提高顾客忠诚度

顾客忠诚度是指由于质量、价格、服务等诸多因素的影响，顾客对网店中的商品或服务产生感情，形成偏爱并长期重复购买该网店商品或服务的程度。例如，某位顾客在购买衣服时，出于对网店的信任和满意，只会在同一家网店购买，因此，可以将顾客这种在同一家网店重复购买商品的行为叫作顾客的忠诚度。网店在着力经营顾客关系的过程中要致力于打造顾客忠诚度。

### 6.4.1　从满意度到忠诚度

网店理想的发展模式便是顾客获得了满意的商品，网店赢得了商品利润。那么如何让顾客在整个购物环节中获得满意的感受呢？这就需要客服重视顾客体验，即提高顾客满意度。有一个著名的三角定律，顾客满意度 = 顾客体验值 − 顾客期望值，顾客期望值越高，则顾客满意度越低。在网购中，顾客的感知价值不仅来源于商品的实物价值，还来源于商品的精神价值。因此，在网购中，顾客满意度的决定因素主要有以下4点。

**184**

- **客服服务满意度：** 包括服务的可靠性、及时性、连续性等。
- **网店商品满意度：** 包括商品质量、价格、功能、设计、包装等。
- **客服行为满意度：** 包括客服的行为准则、广告行为、电话礼仪等。
- **网店形象满意度：** 包括网店页面设计和内容设计等。

提高顾客满意度是社会化管理中关系营销的一部分。顾客的满意度不仅能带来回头客，还可以实现很多附加价值。下面主要讲解通过提高客服行为质量和客服服务质量来提高顾客满意度的方法。

### 1. 客服行为

客服行为主要包括客服的行为准则、广告行为、电话礼仪等。下面重点讲解顾客对客服广告行为的满意度。

客服的广告行为是客服销售商品的重要途径，主要可采用发送短信、发送邮件、拨打电话等方式。事实上，顾客并不喜欢接收大量的广告信息，过多的广告信息只会降低顾客的满意度，因此，客服在工作中可以参考以下3条建议。

- **同一广告信息只发送一次：** 客服在给顾客发送上新信息、优惠信息时，要记住这类信息只需发送一次即可。有的客服担心顾客收不到信息，总是发送2～3次，这样的行为在顾客眼中就是广告骚扰。

- **尽量不要在不同发布途径发布同一消息：** 客服可以通过顾客的订单得到顾客多方面的联系信息，如阿里旺旺、电话号码、邮箱地址等，切忌通过不同的联系方式发送同一条广告。如果客服同时使用阿里旺旺、手机短信、电子邮件等方式推送广告信息，不仅不会起到宣传的作用，还会让顾客反感。

- **发送隐晦的广告信息：** 现代人都厌倦了直白的广告，如果将广告融入其他元素中，就会比直白的广告更容易被顾客接受。例如，当发现顾客的优惠券快要到期时，客服可以以提醒顾客留意优惠券期限的方式，向顾客介绍网店的上新商品，欢迎顾客前来选购；又如，客服可以在节日期间给顾客发送慰问信息，顺便介绍网店的上新商品和优惠活动。顾客对于这类隐晦的广告信息的接受度更高。

### 2. 客服服务

顾客的满意度在很大程度上与客服的服务有直接的关系。客服的服务态度、所说的每句话、回复的速度及对商品的熟悉程度等，都是影响顾客满意度的主要因素。因此，客服在工作过程中要尽力表现自己的专业性，无论是在服务的态度上还是速度上，要把握每一个细小的环节。

## 6.4.2　培养顾客忠诚度的方法

一般来说，顾客对网店的依赖性和忠诚度往往与客服的服务密切相关。顾客看重客服能否在工作之余提供更多的服务，如客服向顾客提供专属的优惠、主动奖励顾客的购买推荐等。

另外，客服还需要理解顾客的差异性和个性化追求，对现在和将来的顾客进行细分，找到较为有吸引力的顾客群体，为他们开发、提供具有吸引力、说服力的相关商品或服务，即为顾客提供超值服务。提供超值服务既是一种"价格战"，又是一种"心理战"。例如，顾客关怀和特权体验这类超值服务就可以提高顾客的忠诚度。

### 1. 顾客关怀

网店关怀顾客的形式十分多样化，常见的有售后关怀、情感关怀、节日关怀、促销推送等。

- **售后关怀：** 售后关怀能够使顾客清楚地知道自己所购买商品的物流情况，从而增强顾客的购物体验，提高满意度。当顾客下单付款后，客服在发货时通常会给顾客发送短信，告知其发货时间、使用的快递等，如"亲，您购买的商品已经发货，使用的是顺丰速运，预计2~3天到达，请保持手机畅通，方便联络。"

- **情感关怀：** 要想提高顾客的忠诚度与满意度，除了资金投入外，还需要情感投资。很多时候，客服会选择用软件替代人工关怀，但顾客更喜欢的是有感情、重细节的关怀。例如，当到了顾客生日、重要纪念日时，客服可以发送短信祝福，甚至可以给重要的顾客寄上一份礼物。

- **节日关怀：** 在节日来临前，客服可以通过短信或阿里旺旺等方式对顾客进行关怀，并适当地推送促销信息，从而起到很好的关怀作用。

- **促销推送：** 当网店发布新品、日常促销时，客服应及时告知顾客活动的相关信息，包括活动时间、参与条件、活动方式等，并提前给顾客发送优惠券。但此类信息的推送率不宜过高，语言也不要太直白，否则会引起顾客的反感。

花同样的钱不仅买到了心仪的商品，还买到了满意的服务，这是顾客愿意继续在网店购物的主要原因。在必要的时候，客服可以为顾客创造一份惊喜，这是让顾客保持忠诚度的较好方法。

### 2. 特权体验

特权体验是指客服所做的服务工作、网店所开放的优惠权限不针对所有顾客，而只针对极少部分的顾客，这种特权体验可以让顾客在身份地位上显得"高人一等"。因此，网店可以通过专享折扣和客服的一对一服务等方式让顾客真正感受到自己是独一无二的。

- 专项折扣是只针对部分顾客的优惠，如大多数顾客享受8.8折，而部分顾客享受的是7.8折，这样的专属折扣必然会在一定程度上留住顾客。

- 客服工作忙碌而繁重，往往要在同一时间接待好几位顾客，如果客服能为部分顾客提供一对一的服务，以及时、快捷、准确的回复服务顾客，那么就能让顾客对网店心生好感，从而保持忠诚度。

## 6.5 搭建顾客互动平台

阿里旺旺是客服与顾客交流的主要平台，其功能类似QQ、微信等聊天工具，但千牛

**186** 工作台的使用更具有指向性，是淘宝网和阿里巴巴为网店量身定做的免费网上商务沟通软件。同其他聊天软件一样，阿里旺旺也能创建群聊，即客服创建阿里旺旺群，将新老顾客拉到这个群里面。

## 6.5.1 旺旺群交流

创建旺旺群后，客服可以通过旺旺群宣传网店的上新商品、网店优惠活动等信息，让顾客及时获取，而顾客也可以在这里与其他顾客讨论并分享商品的使用情况。下面在千牛工作台中创建旺旺群"上新女装"，添加顾客并将优惠活动信息推送给顾客，其具体操作如下。

**步骤01** 登录千牛工作台后，进入"接待中心"页面，单击"我的群"按钮 🙎，在打开的下拉列表中单击"我管理的群"右侧的"添加"按钮➕，打开"创建群"对话框，在其中单击"创建普通群"对应的 开始创建 按钮，如图 6-25 所示。

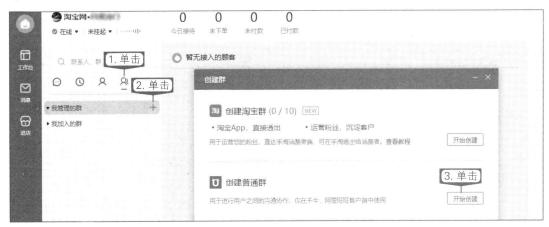

图6-25 单击"开始创建"按钮

**步骤02** 打开"创建普通群"对话框，在"群名称"文本框中输入"上新女装"，在"群介绍"文本框中输入"新品不断，让您衣柜里的衣服不再重样"，如图 6-26 所示，然后单击 创建 按钮。

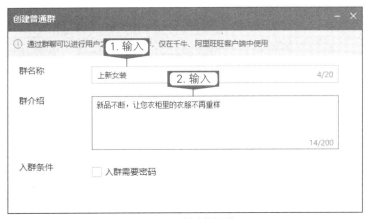

图6-26 创建普通群

**步骤 03** 单击对话框中的"关闭"按钮 ✕，返回"接待中心"页面，此时在"我管理的群"栏中将显示新创建的群，如图 6-27 所示。

图6-27 查看新创建的群

**步骤 04** 在"上新女装"群右侧单击"设置"按钮 ⚙，打开"群组设置"对话框，该对话框中显示了群链接及二维码，如图 6-28 所示，客服可以通过发送消息给被邀请人的形式，让被邀请人通过链接或者二维码加入群聊。

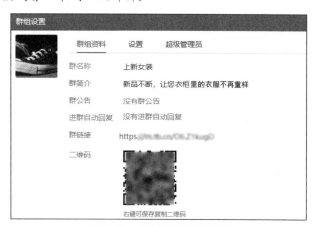

图6-28 "群组设置"对话框

**步骤 05** 被邀请人成功加入群聊后，客服就可以发送群消息并开始聊天了，如将网店的优惠活动信息告知顾客，如图 6-29 所示。

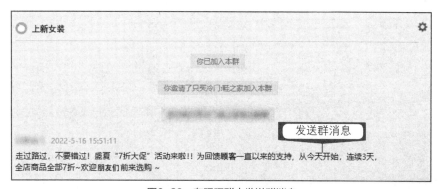

图6-29 在旺旺群中发送群消息

## 6.5.2　创建QQ群

如果客服能够将自己所拥有的顾客资源集中起来，创建一个QQ群，并主动在群内与顾客们交流，同时也欢迎各位顾客在群中分享自己的商品使用心得，当网店与顾客、顾客与顾客之间形成一种互相信任的关系后，客服就会发现自己的销售工作将更加轻松，成绩也会十分突出。

创建QQ群后，客服既可以在群里发布一些网店的上新商品、优惠活动等信息，又可以在这里收集顾客的真实反馈，从而有利于商品质量的提高；同时顾客之间也能互相交流商品的相关信息，有助于刺激顾客再次消费。QQ群主要针对老顾客，因为只有当顾客对客服和网店产生了信任，才会将自己的QQ信息告知客服。老顾客聚在一起，友好的交流与共享更能有效促进商品的销售。图6-30所示为某饰品网店的老顾客形成的一个QQ聊天群。

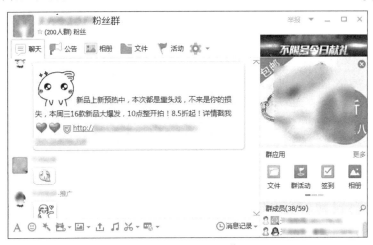

图6-30　QQ聊天群

## 6.5.3　微信公众平台的使用

微信公众平台也称微信公众号，是腾讯公司在微信的基础上新增的一个功能，个人和企业都可以通过微信公众号实现和特定群体的文字、图片、语音互动。在微信被广泛使用的今天，网店客服将广告放在成本极小、收益较大的微信公众平台上，也不失为一个管理顾客的好策略。

相比于传统广告，微信公众号的发展使得顾客能够通过更便捷的方式获得网店和商品的最新信息，在一定程度上增强了顾客的购物体验。除此之外，使用微信公众号推送广告还有着许多传统广告所不具备的独到优势。

● 不需要运营美工人员，智能手机即可实现商品的拍照发布。

● 创业成本低。

● 顾客关注度高、无须推广，熟客、大客户、批发商通过微信维护便可更好地关注网店和商品信息，客服销售起商品来也更为便捷、高效。

● 熟人情感经济，可直接转账发货或者借助微信、淘宝平台交易。

既然微信公众号对维护顾客关系、促进网店销量有着众多的优势，那么客服就应该鼓励顾客加入微信公众号，使其拥有一个更好的购物体验。

按照性质的不同，微信公众号可分为订阅号、服务号、小程序、企业号等。其中，订阅号具有信息发布和传播的能力，适合个人和媒体注册；服务号具有用户管理和提供业务服务的能力，适合企业和组织注册；小程序具有出色的植入性，可以被便捷地获取与传播，适合有服务内容的企业和组织注册；企业号具有实现企业内部沟通与内部协同管理的能力，适合企业注册。

注册微信公众号后，客服可以将商品图片、活动主题、活动内容等信息发布到公众号中，将其推送给关注公众号的顾客。发布内容后，可能会收到部分顾客的回复，此时客服就需要多与顾客互动，对顾客提出的问题进行选择性回复，以维护顾客关系。对于部分常见问题，客服可以设置自动回复或关键词回复。图 6-31 所示为某微信公众号发布的一篇新品推荐文章，基于其良好的顾客关系，客服与顾客的互动性较好。

图6-31　某微信公众号发布的一篇新品推荐文章

**经验之谈**

网店客服通过微信公众号进行推广时，一般可采用图文结合的形式。其中，文字要排版整齐，图片要精致美观，标题要新颖有创意，内容要具有可读性，这样可以引起顾客的阅读兴趣，拉近与顾客的距离。

**190**

## 6.6 本章实训

（1）说一说老顾客具有哪些优势，客服应该如何留住老顾客。

（2）尝试使用"客户运营平台"为顾客打上标签，标签名称要求包括"学生""时尚""爱购物"。

（3）在千牛工作台中设置会员等级，具体要求如下。

● 设置普通顾客，成功交易次数为1次。

● 设置高级会员，交易金额为"300"，折扣为"9.5"。

● 设置VIP会员，交易金额为"1 000"，折扣为"8.8"。

● 设置尊贵VIP会员，交易金额为"3 000"，折扣为"6.8"。

（4）在千牛工作台中创建一个名为"促销"的普通群，然后将有价值的老顾客添加到这个群中并发送信息，如图6-32所示。

图6-32 创建普通群并发送消息

# 打造金牌客服团队

网店发展越来越大的同时，也面临着管理方面的问题，尤其是客服的管理工作将会成为网店比较棘手的一件事情。众所周知，客服是网店发展的基柱，是网店业绩不断上升的推动力。但如果客服的离职率比较高，或者客服服务过程中经常出错，不仅不会给网店带来效益，反而会带来经济损失。因此，打造一支金牌客服团队将为网店的顺利发展起到保驾护航的作用。

| 赤兔名品 | 一目了然 店铺绩效 客服绩效 绩效明细 考核 管理 聊天质检 百宝箱 |
|---|---|

您当前位置：一目了然 / 首页 / 团队看板 下单民调判定

**本月销售情况** (05-01 ~ 05-16) 查看上月

客服销售额：
**22400**

客服销售人数：
**120**

上月同时段：**21000**
环比：

上月同时段：**105**
环比：

---

- 网店客服的培训
- 网店客服的日常管理
- 网店客服的激励机制与绩效考核
- 合理调动客服的积极性

知识要点

---

时光流转，新老交替，中国女排在激烈的国际竞争中重新焕发活力，得益于引入科学赛训理念，采用"大国家队"策略，搭建复合型保障团队，让专业素养与精神力量融汇在一起，为女排精神注入新的时代内涵。网店的管理者可以从"女排精神"中汲取力量，培养客服团队团结协作的精神，并采取科学的方法打造金牌客服团队。

- 团结协作，凝聚力量，积极主动协同他人做好服务工作。
- 不忘初心，增强并提升服务意识，努力做好为顾客服务的"贴心人"。

视野拓展

192

# 7.1 网店客服的培训

案例导入

网店客服也要
科学管理

好的客服能够维护老顾客。相反，如果客服做得不到位，网店想长远发展就比较困难。因此，越来越多的网店开始注重客服的培训，尤其是那些对网店、商品和工作内容的认识都不太充分的新入职的客服，更需要通过系统培训来熟悉业务。网店可以从 4 个方面来培训新入职的客服，分别是网店基本制度的培训、商品知识的培训、技能的培训和职业价值观的培训。

## 7.1.1 网店基本制度的培训

制度建设是任何一个网店都应该重视的环节。完善的制度是网店工作安排和发展的必要保证。网店的基本制度一般包括日常工作规范、工作守则和行为准则、工资待遇及奖惩规定等内容，它是客服在工作中需要遵守和熟悉的制度。表 7-1 所示为某网店的基本制度，可供客服和网店参考，更多内容扫描右侧二维码获取。

**表7-1　某网店的基本制度**

| 第一则　总则 |
| --- |
| 为加强网店的规范化经营管理，使工作有所遵循，提高工作效率，促进双赢，特制定本制度 |
| **第二则　工作守则和行为准则** |
| 每位员工都要有高度的责任心和事业心，工作时以网店的利益为重，为网店和个人的发展努力工作 |
| **第二则　工作守则和行为准则** |
| ① 牢记"顾客第一"的原则，主动、热情、周到地为顾客服务，努力让顾客满意，维护网店形象；<br>② 要爱学习，勇于创新，通过培训和学习新知识，使专业知识和个人素质与网店发展保持同步；<br>③ 讲究工作方法和工作效率，明确效率的重要性；<br>④ 要有敬业和奉献精神，满负荷、快节奏、高效率、高责任感是对客服提出的工作要求；<br>⑤ 具有坚韧不拔的毅力，要有信心和勇气战胜困难、挫折；<br>⑥ 要善于协调，融入集体，有团队合作精神和强烈的集体荣誉感，分工不分家；<br>⑦ 要注意培养良好的职业道德和正直无私的个人品质；<br>⑧ 明确网店的奋斗目标和个人工作目标；<br>⑨ 遵守劳动纪律，不迟到、不早退、不旷工、不脱岗、不串岗；<br>⑩ 精益求精，不断提高工作绩效；<br>⑪ 必须严格遵守网店的工作守则；<br>⑫ 必须服从网店领导的组织与管理，对未经明示事项的处理，应及时请示，遵照指示办理；<br>⑬ 必须恪职尽责、精诚合作、敬业爱岗、积极进取；<br>⑭ 应严格保守顾客的资料信息，不得外泄；<br>⑮ 必须勤奋好学，精通本职工作，并通过学习提高自身素质；<br>⑯ 严禁一心多用，不得在工作过程中兼顾其他非工作内容 |

## 7.1.2 商品知识的培训

客服的商品知识培训主要包括商品属性、商品热卖点和网店活动的培训，日常交接工作的处理，发货时间、快递及邮费、好评返现、赠送礼物等网店情况的培训，商品知识的培训考核细则如表7-2所示。

扫一扫
网店的基本制度

表7-2 商品知识的培训考核细则

| 考核内容 | | 是否合格 | | | |
|---|---|---|---|---|---|
| 商品方面（30%） | 商品属性 | 是 | | 否 | |
| | 商品热卖点 | 是 | | 否 | |
| | 网店活动 | 是 | | 否 | |
| 日常交接（10%） | 日常 / 售后上下班时间交接 | 是 | | 否 | |
| | 日常 / 售后之间交接 | 是 | | 否 | |
| 网店情况（45%） | 发票 / 收据问题 | 是 | | 否 | |
| | 发货时间 | 是 | | 否 | |
| | 默认快递及邮费 | 是 | | 否 | |
| | 备选快递及邮费 | 是 | | 否 | |
| | 发货 / 退换货地址 | 是 | | 否 | |
| | 好评返现详情 | 是 | | 否 | |
| | 赠送礼物详情 | 是 | | 否 | |
| | 打包方式 | 是 | | 否 | |
| | 客服权限 | 是 | | 否 | |
| 客服操作（15%） | 整理快捷语 | 是 | | 否 | |
| 汇总（100%） | 合格率 | | | | |

注：合格率低于80%的不予通过，重新考核；高于80%即可通过

## 7.1.3 技能的培训

客服工作是比较烦琐且复杂的，客服的工作技能主要反映在与顾客的聊天过程中。那么客服需要掌握哪些技能呢？一般来说，客服的技能培训主要分为客服的基础操作、聊天

**194** 操作和知识技能 3 个方面。

### 1. 基础操作

基础操作主要是指客服的打字速度。客服的打字速度要快，一般以 80 字 / 分为合格，要能够实现盲打输入。

### 2. 聊天操作

聊天操作是指在千牛工作台上的常见操作，包括聊天设置、群发消息、快捷回复、新建群及个性签名等。其中，设置快捷回复内容尤为重要，该操作不仅可以减少重复输入，还可以提高工作效率。

### 3. 知识技能

客服的知识技能主要包括对商品的熟悉度、对顾客的分析能力和话术的整理 3 个方面。

- **对商品的熟悉度：** 熟悉商品知识是客服工作的基础。有些客服连商品都不熟悉，就直接接待顾客，这样即使商品卖出去，也可能因为客服的不专业导致出现很多售后问题。因此，熟悉网店商品是对客服的基本要求，包括商品的颜色、尺码、优势、销量、评价等多个方面。

- **对顾客的分析能力：** 客服与顾客的聊天大多通过千牛工作台完成，顾客的需求只能通过字里行间反映出来，因此，网店就需要对客服把握顾客需求的能力进行着重培训。

- **话术的整理：** 客服若要提高工作效率，设定话术是十分有必要的。但市场在变化，网店的各种活动也在不断更新，此时客服的话术也要随之调整。客服需要根据竞争商品、市场变化来调整话术。同时，网店也要对客服的话术进行审核及修改，以免造成不必要的损失。例如，某客服在年终大促时将欢迎话术设置为"您好，欢迎光临××店，今天全场五折哟，赶快来选购"，在促销活动结束之后，客服却忘记更改话术，导致很多顾客前来理论"为何客服承诺全场五折却不能兑现"。

扫一扫

网店客服常用的话术

## 7.1.4 职业价值观的培训

职业价值观是一个人对职业认识和态度以及他对职业目标的追求和向往的具体表现，通俗来说就是支配他工作的信念目标，具体反映在客服工作中的职业价值观有以下 5 个方面。

### 1. 诚实守信

诚实守信是客服价值观中最基本的核心。对前来咨询的所有顾客，客服都应该做到诚

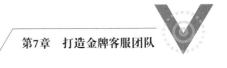

实守信，不欺骗顾客，说过的话要努力去完成，树立网店诚信经营的形象。

### 2. 顾客第一

客服工作属于服务性质，服务对象是不计其数的顾客。顾客的购买习惯和购物偏好是各不相同的，客服要秉承"顾客第一"的职业价值观，尽自己最大的努力为顾客提供最佳的购物体验。

### 3. 团结互助

团结互助是网店所推崇的团队精神。客服团队是整个网店能够正常运转的润滑剂，而团队的协作是必不可少的。融入一个团队，势必会被它的工作氛围所感染。因此，一个具有主人翁意识、积极向上、努力奋进的客服团队是网店所向往的。

### 4. 爱岗敬业

"干一行爱一行"是一个人应该具有的职业价值观，客服也不例外。对自己所从事行业的热爱与忠诚是支撑客服努力工作的责任与动力，也是客服在工作中不断要求自己进步的推动器。

### 5. 勇攀高峰

勇攀高峰的职业价值观是客服工作进步的必要源泉。网店要科学、合理地为客服制定销售目标和销售战略，让客服随时保持一颗上进努力的心。

**职业素养**

一名优秀的网店客服，除了具备正确的职业价值观外，还应该拥有积极向上的职业道德信念。职业道德信念是一个人职业素养中的核心部分。另外，许多网店也特别看重员工爱岗敬业的精神和合作包容的态度。《礼记》中记载了"敬业乐群"，孔子也曾说过"敬事而信"。因此，网店客服更应该注重职业价值观的培养，努力做一个有良好职业道德信念的人。

## 7.2 网店客服的日常管理

网店除了要对客服进行有针对性的培训外，还需要管理客服的日常工作。

### 7.2.1 客服管理原则

由于网店客服的特殊性，客服团队的管理原则与一般企业团队的管理原则有所区别，主要体现在网店分配、排班、数据监督、顾客投诉处理4个方面。

**1. 网店分配原则**

网店分配是指网店管理人员对客服工作的分配。分配时应遵循以下 3 个原则。

- 根据类目和咨询量分配，遵守专属服务原则。
- 每个客服的日咨询量控制在250个，超量则应考虑增加客服人员。
- 基本上一个小组负责一个网店，一个网店最少会涉及两个客服人员。

**2. 排班原则**

为了保证客服有充沛的精力投入工作，保障各部门有序、高效地正常运作，网店管理人员在对客服进行排班时应遵循以下原则。

- 每人的休息时间要均匀，不要有太大差异。
- 优先考虑专人做专事，每个客服负责自己熟悉的模块。
- 每个人的咨询量尽量均匀，避免出现严重失衡情况。

**3. 数据监督原则**

数据能直观体现客服的工作状态，网店管理人员要学会通过数据观察客服的工作情况。网店管理人员在进行数据监督时应遵循以下 3 个原则。

- 优先挑选重点网店进行监督。
- 数据定期监督，可以安排一周3次左右的数据统计次数。
- 数据一定要落实到个人，紧抓个人问题与落实改善。

**4. 顾客投诉处理原则**

要有效地处理顾客投诉，需遵循以下 3 个原则。

- 必须2小时内找出出现问题的根本原因，24小时内给出最终处理结果与方案。
- 要及时落实跟进投诉责任人与落实改善措施。
- 一定要主动跟网店管理人员或客服管理人员反馈投诉处理情况。

## 7.2.2　客服数据的监控

对于网店管理人员或客服管理人员来说，学会通过观察数据挖掘客服问题是至关重要的。数据能提供科学化的考核标准，直观体现客服的问题所在。那么，这些客服数据在哪里可以监控呢？网店管理人员或客服管理人员一般可以通过查看网店数据报表的执行与反馈、使用"赤兔名品"绩效软件、查看客服绩效等方式来监控数据。

**1. 查看网店数据报表的执行与反馈**

网店的一大优势是数据跟踪。数据跟踪最直接的表现形式就是数据报表。数据报表分为周报表、月报表、季报表、年报表4种类型。通过查看网店数据报表的执行与反馈，客服管理人员可以总结出网店存在的问题，然后采取措施进行补救。图7-1所示为某网店 8—10月 的数据报表。

| 项目内容 | | | 8月 | 9月 | 10月（截至29日） |
|---|---|---|---|---|---|
| 一级维度 | 二级维度 | 项目 | 本店数据 | 本店数据 | 本店数据 |
| 绩效数据 | 询单转化 | 客户询单转化率/% | 21.22 | 13.01 | 16.05 |
| | | 对比上月增减值/% | -5.77 | -8.21 | 3.04 |
| | 寄件数 | 客服寄件数/件 | 90.62 | 109.96 | 129.55 |
| | | 对比上月增减值/件 | 10.15 | 19.34 | 19.59 |
| | 客单价 | 客服客单价/元 | 1.47 | 1.36 | 1.16 |
| | | 对比上月增减值/元 | -0.18 | -0.11 | -0.2 |
| | 咨询销售额 | 客服销售额占比/% | 2.16 | 2.05 | 2.24 |
| | | 对比上月增减值/% | -0.14 | -0.11 | 0.19 |
| | 平均响应时间 | 平均响应时间/秒 | 48.2 | 87.81 | 68.46 |
| | | 对比上月增减值/秒 | -9.58 | 39.61 | -19.35 |
| | 首次响应时间 | 首次响应时间/秒 | 1.86 | 2.44 | 3.37 |
| | | 对比上月增减值/秒 | -0.64 | 0.58 | 0.93 |
| | 咨询量 | 日均咨询量/人 | 40 | 35 | 34 |
| | | 对比上月增减值/人 | 25 | -5 | -1 |
| | 下单付款率 | 下单付款成功率/% | 0 | 0 | 0 |
| | | 对比上月增加值/% | 0 | 0 | 0 |
| | 工作量 | 本月总接待人数/人 | 1239 | 1057 | 1026 |
| | | 对比上月增减值/人 | 761 | -182 | -31 |
| | 答问比 | 客服答问比/% | 106.41 | 85.80 | 84.69 |
| | | 对比上月增减值/% | 4.80 | -20.61 | -1.11 |
| 总结 | | | | | |

问题：
（1）客单价逐月递减；
（2）首次响应时间逐月增加；
（3）日均咨询量逐月递减

图7-1 数据报表

从图 7-1 中可以看出各个月的客单价、咨询销售额、首次响应时间与上月的对比情况，通过这些数据可以总结出网店存在以下几个方面的问题。此时，网店管理人员就可以针对这些问题进行改善，以此来优化管理网店和客服人员。

（1）客单价降低。一方面，页面价格不一致，导致顾客流失；另一方面，商品尺寸偏少，导致顾客流失。

（2）首次响应时间增加。有时客服回复后，顾客没有收到消息，导致系统判定为没有回复。

（3）日均咨询量降低。需要多渠道进行推广，如智能营销、发送优惠券、短信推广等。

（4）问答比降低。顾客咨询时自动回复，造成多次发送重复性话术，加上顾客咨询后回到商品详情页时离线了，收不到客服的消息，回来后又进行咨询，导致问答比降低。

### 2. 使用"赤兔名品"绩效软件

"赤兔名品"是一款淘宝工具软件，用于全面记录客服的销售额及销量、转化成功率、客单价/客件数、服务评价及接待压力等数据，并帮助分析顾客流失原因，进而提高网店的业绩。由于该软件不是千牛自带软件，所以需要先安装再使用。下面安装该软件，其具体操作如下。

扫一扫

使用"赤兔名品"
绩效软件

**步骤01** 登录千牛工作台首页后，将鼠标指针移至左侧列表中的"展开"按钮 ⋯ 上，在弹出的列表中单击"服务"按钮 ▒，如图 7-2 所示。

**步骤02** 打开"服务市场"页面，在页面顶端的搜索框中输入软件名称"赤兔名品"，然

**198** 后单击 搜索 按钮，如图 7-3 所示。

**步骤 03** 在显示的搜索结果列表中选择"赤兔名品"选项，然后在打开的页面中选择该软件的服务版本和使用周期，单击 7天(免费试用) 按钮，如图 7-4 所示，根据提示成功付款后即可使用。

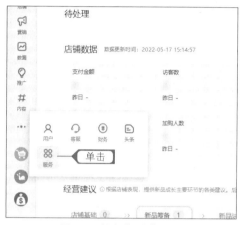

图7-2 单击"服务"按钮

图7-3 搜索"赤兔名品"软件

**经验之谈**

"赤兔名品"是网店常用的专业级客服绩效管理软件。通过赤兔名品，网店可以掌握客服的销售额、转化率、客单价、工作量及接待压力等数据，设计出科学且合理的客服薪资方案。另外，通过软件内的客服接待明细数据，网店还可以分析顾客流失的原因，进而采取相应措施以提高销售业绩。

**步骤 04** 进入"赤兔名品"软件的首页，其中包括了店铺绩效、客服绩效、绩效明细、考核等多个功能模块，单击任意一个选项卡便可查看该功能模块的详细信息。图 7-5 所示为团队看板数据。

图7-4 购买软件

图7-5 团队看板数据

### 3. 查看客服绩效

客服管理人员或网店管理人员想要查看客服绩效，首先要对软件进行基础配置，即将管理的旺旺账户添加到"赤兔名品"软件中。下面将在"赤兔名品"软件中添加旺旺账号，并查看客服的绩效记录，其具体操作如下。

**步骤 01**　进入千牛工作台首页后，将鼠标指针移至左下角的"我的应用"按钮▤上，在展开的列表中单击"赤兔名品"按钮⬢，进入赤兔名品首页。单击上方的"管理"选项卡，然后在打开的"旺旺管理"页面中单击 添加旺旺 按钮，如图 7-6 所示。

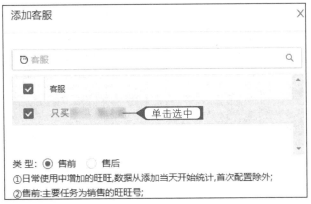

图7-6　单击"添加旺旺"按钮

**步骤 02**　打开"添加客服"对话框，单击选中要添加的客服名称，如图 7-7 所示，最后单击 添加 按钮完成配置操作。

图7-7　单击选中客服名称

**步骤 03**　在"赤兔名品"软件首页中单击"客服绩效"选项卡，在打开的页面中可以通过左侧列表中的相应选项对网店客服的询单、下单、付款、客单价、成功率、工作量等数据进行统计分析。这里选择"询单"选项，然后再设置查询时间和客服旺旺的名称，如图 7-8 所示，最后单击 查询 按钮，即可通过显示的查询记录，了解所选客服的询单情况。

200

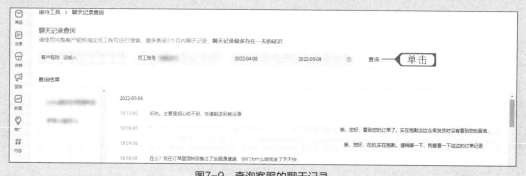

图7-8 查询客服的询单情况

**经验之谈**

在千牛工作台首页中单击左侧列表中的"店铺"按钮，在打开页面中选择"子账号管理"选项，在打开的"子账号管理"页面中单击"聊天记录"选项卡，打开"聊天记录查询"页面，输入顾客昵称，或者是员工账号，并设置查询时间后，单击 **查询** 按钮，便可查询客服的聊天记录，如图 7-9 所示。通过聊天记录，客服管理人员可以了解客服工作中的优秀和不足之处。

图7-9 查询客服的聊天记录

## 7.2.3 关注客服的执行能力

客服执行能力的强弱最终体现在客服能否完成销售目标上。如果一个客服第一个月未完成目标，在之后的几个月仍然未达成目标，那么说明这名客服的工作能力和执行能力略差，可能会影响网店的整体销售目标。因此，提高客服的执行能力是网店发展的重要工作。网店对客服执行能力的考察与管理，可以从客服的销售指标、聊天内容、商品熟悉程度等方面着手。

例如，某婴幼儿品牌网店的一名客服面对自己的销售目标时踌躇满志，但在月末考核时抱怨目标太高，未能完成。客服管理人员第一时间查看了该客服的销售指数、京东"咚咚"的聊天记录和工作考勤等多方面的工作数据，发现该客服对商品的了解不够，对许多顾客咨询的问题回复得模棱两可，有的甚至答不上来。除此之外，该客服对网店的商品也没有信心，往往不能给顾客满意的答复，顾客很快就自动关闭了聊天窗口。

通过上述分析，客服管理人员认为该客服未能达到销售目标的主要原因是缺失执行力，于是结合这位客服在工作中暴露的问题，有针对性地对其进行了重新培训，以此来提高该客服的工作执行力。

## 7.2.4 关注客服的成长

客服的成长需要时间和经验的累积。一般来说，客服的成长可分为阶段性成长、三个月内成长和一年内成长 3 个阶段。不同的成长阶段，制定的成长目标也不同，表 7-3 所示为客服各阶段应达到的成长目标。客服管理人员可以根据客服工作的时长进行考核，以便检查客服的工作状态。

表7-3 客服各阶段成长目标

| 阶段性成长目标 | 三个月内成长目标 | 一年内成长目标 |
| --- | --- | --- |
| 了解电商基本情况 | 分流到售前或售后 | 提高咨询转化率，礼貌接待，了解顾客需求 |
| 了解企业文化 | 售前客服要熟悉商品，了解商品的卖点，熟悉基本话术，并能简单地与顾客进行交流 | 提高客单价，熟悉套餐搭配，熟悉单价高、利润高的商品 |
| 熟悉所在行业的基本知识 | | 提高付款率，掌握催付订单的能力和技巧 |
| 初步了解网店商品，在熟记商品信息后，尝试熟悉周边商品 | 售后客服要熟悉后台流程，包括退换货、物流查件、投诉维权等，以及售后接待与咨询 | 提高顾客满意度，回答问题思路清晰 |
| | | 熟悉商品，进一步强化打字速度 |
| 熟悉后台操作，提高打字速度 | 总结出便捷、实用的售后服务方式 | 提高回购率，有活动及时通知顾客 |
| 了解客服的基本话术 | 可以进行中等难度的电话交流 | 主动跟进特殊情况的售后问题，提高回购率 |

具有优秀职业素质的客服，内心都有一颗热爱学习的心。如果客服找不准方向，客服管理人员就需要根据客服的不同爱好制定相应的成长目标，帮客服规划专属的成长路线。这样，客服不仅工作充实了，能力也提高了，时间久了自然而然就会从普通客服成为金牌客服。

## 7.2.5 网店数据的监控

网店数据的监控主要包括网店动态评分值（Detail Seller Rating，DSR）、纠纷率、退

**202** 款速度、后台投诉管理监控、客服询单转化率和客单价等。要想有效地权衡和管理客服的工作，数据是个硬指标。

淘宝网店 DSR 系统主要指的是该网店的动态评分系统，且以半年为一个评分周期，主要评分内容包括商品与描述相符、网店的服务态度、物流服务的质量 3 项，如图 7-10 所示。DSR 值在淘宝网的权重一直在上升，说明淘宝网越来越注重商品的质量、口碑和服务，而这些数据就是网店质量的最好证明。

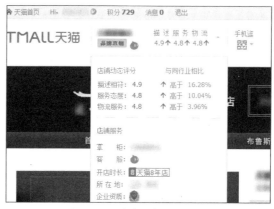

图7-10　淘宝网店DSR系统

网店 DSR 值不仅仅只是展现网店最近的概况，它还影响着自然搜索权重和网店的流量。那么，DSR 值对网店和商品到底有哪些影响呢？如果网店的 DSR 值过低，网店管理人员又该如何优化和提高网店的 DSR 值呢？

### 1. DSR值对网店的影响

DSR 值对网店的影响主要体现在以下 3 个方面。

● **影响商品的初始权重：** 不同网店发布的新商品权重是不一样的。新商品的初始权重由网店的权重所决定，而DSR值在这部分权重里所占比例是非常大的，因此，DSR值越高，商品的初始权重越大，被搜索到的概率也就越大。

● **影响网店的自然流量：** 若网店的DSR值处于下降趋势，必然会影响网店的自然流量。

● **影响网店的转化率：** 网店的DSR值会在网店的首页展示，顾客可以直观地看出DSR值与同行业其他网店的对比值。若网店的DSR值变绿或者对比同行业其他网店差太多，最直观的影响就是网店和商品的权重变低，从而直接影响网店的转化率。

### 2. 如何优化DSR值

想要优化网店的 DSR 值，可以采用以下几种方法。

● **实事求是：** 做到实物与图片描述相符是基本的要求。切记不要为了追求高点击率和转化率而夸大商品描述，也不要过度美化商品图片，否则会令顾客产生"被骗"的感觉。网店应该尽量避免用图片和文字对顾客造成误导。例如，卖服装的网店就尽量不要对图片上服饰的颜色和细节调整太多；如果是模特展示，就写上模特的身高、体重等数据，如图7-11所示，表明这只是模特试穿效果，具体上身情况因人而异。

| 模特试穿 | KIKI | COCO | JESSICA | ALEICE |
|---|---|---|---|---|
| 身高/体重 | 162cm/48.5kg | 158cm/53kg | 155cm/57.5kg | 170cm/60kg |
| 肩/胸/中腰 | 40cm/82cm/71cm | 37cm/88cm/75cm | 38cm/89cm/80cm | 37cm/83cm/80cm |
| 体型特征 | 均匀体型，腰细臀大 | 上身偏胖，肚子肉多，手臂和腿偏瘦 | 骨架小体型丰满，有肚子，手臂和大腿偏粗 | 梨型身材，腰细臀大，下身偏胖 |
| 平时尺码 | S | S | M | L |
| 试穿尺码 | S | S | M | L |
| 试穿体验 | 合适 略宽松 | 合适 略宽松 | 合适 略宽松 | 合适 略宽松 |

模特试穿

◇ 试穿建议　个人身材比例都不同，以下尺寸建议仅供参考

按平时尺码选择即可

图7-11　模特试穿效果描述

- **新品的好评优化：** 好评优化是指截取老顾客的好评页面进行晒图活动，新品带字好评会大大提高DSR值中"描述相符"的分值。网店可以以回馈老顾客为活动内容，让顾客参与评价晒图。
- **好评送礼品：** 网店可以开展好评送礼品的活动来提高网店的DSR值。例如，可以通过好评截图+29.9元换购保温杯，也可以好评送礼品，以鼓励顾客给好评晒图。
- **服务态度：** 对于网店而言，客服的服务态度决定了顾客对网店的印象。
- **超出顾客预期的惊喜：** 例如，销售零食特产类的网店在发送商品时，可以随之赠送湿巾、果壳袋、密封夹等商品，一般都会给顾客带来惊喜和贴心的舒适感受。网店应尽量从细节入手，给予顾客超出预期的服务，这往往可以给顾客带来良好的购物体验。
- **提高商品的性价比：** 网店有多个高性价比的商品，会让顾客更满意且更容易回购。但是，不论网店采取何种办法提高DSR值，商品本身才是决定竞争力的主要因素。网店在选品的时候，应以高质量的商品为主，以免因为商品质量招来顾客的中差评。

## 7.3　网店客服的激励机制与绩效考核

在大量枯燥、繁忙的工作中，客服需要不断被激励，才能对目前的岗位保持热情。因此，对于网店管理人员而言，建立有效的激励机制是必不可少的。除此之外，网店管理人员还需要制定一套客服绩效考核标准，通过绩效考核，把客服的聘用、职务升降、劳动薪酬相结合，才能使客服激励机制得到充分运用，从而调动客服积极性，激发客服潜能，最终让网店健康、稳定地发展。

**学思融合**

**课堂活动：** 淘宝网店管理人员为了提高客服的积极性，有时会给客服直接涨底薪，而有的网店则是采用"底薪＋绩效"的模式，试讨论你所知道的网店客服激励和绩效机制有哪些？

**活动分析：** 常见的激励机制包括晋升、奖惩、竞争等，而绩效则主要以销售额为标准。合理的激励与绩效机制可以使客服保持乐观向上、积极进取的工作态度，还可以让客服更加深入地参与到公平、公开的激励与绩效管理中，真正做到以人为本。只有这样，客服才能真正感受到自身在网店中的价值，也才能以正确、平和的心态更好地开展客服服务工作，以及增强客服团队内部的凝聚力和向心力，从而树立正确的职业价值观，最终实现网店和客服的"双赢"。

## 7.3.1 竞争机制

"优胜劣汰"是永恒的规律。在客服团队中形成积极、良性的竞争机制是网店科学管理客服团队的基本要求。竞争机制在网店中一旦发挥了良性的作用，对网店的客服团队管理有着不可小觑的力量，如促进客服通过不断提高自己的知识与技能来获得顾客的满意，可一旦这种竞争机制失衡，则可能会造成各种负面影响。

那么，网店管理人员或客服管理人员应该从哪些方面实施竞争机制才较为科学呢？科学有效的竞争机制要以有说服力的数据作为支撑，让客服认识到来自工作的压力和挑战都来源于强劲的对手。表7-4所示为某网店6位客服的工作数据对比表。

表7-4 客服的工作数据对比表

| 客服 | 销售额/元 | 咨询人数/人 | 成交人数/人 | 询单转化率/% | 平均响应时间/秒 | 客单价/元 | 退款率/% |
|---|---|---|---|---|---|---|---|
| 琳琳 | 32 500 | 500 | 200 | 40 | 45 | 162.5 | 1.2 |
| 小洁 | 30 000 | 450 | 300 | 67 | 50 | 100 | 1 |
| 沈媛 | 28 000 | 360 | 210 | 58 | 60 | 133.3 | 1.3 |
| 李冰 | 45 000 | 700 | 560 | 80 | 28 | 80.4 | 0.8 |
| 小申 | 25 638 | 800 | 300 | 37.5 | 40 | 85.5 | 2.3 |
| 赵申 | 2 200 | 100 | 50 | 50 | 32 | 44 | 3 |

以上数据在一定层面如实地反映了客服的工作状态和工作能力。以这样的数据做论证，不仅能在客服之间形成你追我赶的竞争环境，还能让网店及时发现客服工作所存在的不足之处。

## 7.3.2 晋升机制

员工晋升是指员工由较低层级职位上升到较高层级职位的过程。为了充分调动客服的工作主动性和积极性，网店设立公平、公正的晋升机制是很有必要的。客服的晋升一定要遵循以下几点。

- 规范管理人才的培养、选拔和任用制度，推动管理人才水平不断提高。
- 建立管理人才晋升通道，激励客服不断提高业务水平，以卓越的现场管理能力推动网店的发展。
- 树立客服学习的标杆，引导其他客服不断学习、改进，保持网店的持续发展。
- 根据绩效考核结果，客服职位可升可降。
- 职位空缺时，首先考虑内部人员，在没有合适人选时才考虑外部招聘。

客服的晋升机制主要分为逐级晋升和薪酬晋升，二者是不可拆分的。当客服的职位晋升时，相应的待遇也能得到改善。当然，客服的晋升要有一定的制度参考，而晋升的制度和条件需要网店根据实际情况来制定。图 7-12 所示为客服晋升职位及考核标准，网店可作为参考。

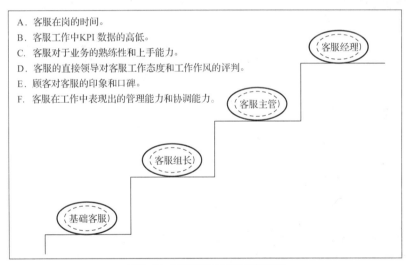

图7-12 客服晋升职位及考核标准

除了图 7-12 所示的层级性晋升机制外，设立不同的维度来管理客服也同样重要。例如，以时间或贡献作为基准，基础客服可以分为试用客服、铁牌客服、铜牌客服、银牌客服、金牌客服等。整体晋升和局部晋升相统一的原则可以使晋升机制更加完善。

网店要确保晋升机制得到保护和发展，应先确保晋升流程的完善与顺畅，例如，可以设定在某一固定的时间段进行评级晋升。在晋升过程中，客服需要根据评定的标准结合实际的工作情况进行申请，再由客服经理和网店管理人员共同审核客服的晋升资格，经过审议和讨论，最终确定客服晋升与否，图 7-13 所示为客服的晋升流程。这对完善网店的制度管理有着重要意义。

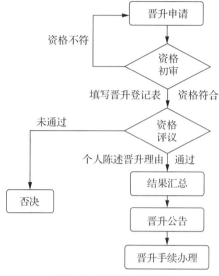

图7-13  客服的晋升流程

## 7.3.3  奖惩机制

网店客服的能力参差不齐，有的认真负责、热情踏实，而有的缺乏耐心、粗心大意。为了让整个客服团队保持积极向上的工作作风，网店需要制定员工奖惩机制。网店的奖励多是物质奖励和精神奖励相结合的形式，一般以精神奖励为主、物质奖励为辅。

### 1. 精神奖励

精神奖励能够激发客服的荣誉感、进取心和责任心。从心理学来看，精神奖励对每一个人来说都能引起愉快的感受，因为任何人都希望得到他人和社会的赞赏。表7-5所示为某网店对客服的精神奖励标准。

表7-5  某网店对客服的精神奖励标准

| 奖项名称 | 精神奖励标准 |
|---|---|
| 最佳新人奖 | （1）工作时间未满3个月，但已转为正式员工；<br>（2）在职期间出勤率高，无迟到、早退、旷工等现象；<br>（3）工作态度积极认真，注重服务礼仪；<br>（4）具有较强的工作能力，能高质量完成本职工作；<br>（5）维护网店形象，能妥善处理各种关系；<br>（6）顾客对其满意度高，销售业绩为整个客服团队排名的前30名 |
| 优秀员工奖 | （1）工作半年以上的正式员工；<br>（2）在职期间出勤率高，无迟到、早退、旷工等现象；<br>（3）具有较强的工作能力，尽职尽责，询单转化率、客单价、平均响应时间等指标排名为整个客服团队的前30名；<br>（4）顾客对其满意度较高，能维护网店形象，能妥善处理各种关系 |

续表

| 奖项名称 | 精神奖励标准 |
|---|---|
| 杰出员工奖 | （1）工作一年以上的正式员工；<br>（2）拥有优秀员工奖或最佳新人奖奖励；<br>（3）熟练掌握网店的商品知识、营销知识、沟通技能等；<br>（4）工作能力突出，考核综合指标达到客服团队排名的前三分之一；<br>（5）在工作中献计献策，能够提出一些建设性的意见 |

#### 2. 物质奖励

物质奖励是基于客服良好的工作表现而增加的薪酬、福利待遇，对调动客服积极性有显著作用。奖励的金额多少、达到怎样的标准才实现这样的奖励，这些都需要网店根据自身实力进行设置。

#### 3. 有奖就有罚

当网店出现不合格的客服时，一定不要抱着睁一只眼闭一只眼的态度，发现问题就要及时解决。网店可以根据客服的工作失误、违规的严重性来权衡惩罚的轻重，参考的惩罚一般有警告、通报批评等，甚至可以淘汰屡教不改者。

### 7.3.4　监督机制

监督机制是对客服工作情况的跟踪监督，主要从客服的工作状态、工作成效、顾客满意度、员工认可度等方面进行监视、督促和管理，促使客服的工作能达到预定的目标。

在监督客服时，网店可以采用数据监控和问卷调查两种方式。首先，利用数据监控对客服的工作成效和开展的进度质量进行评估，然后通过问卷调查方式对顾客反馈的客服问题进行有效的监督。

网店可以制作针对客服服务情况的问卷表，不定期发送给顾客进行填写，再根据顾客所反馈的信息分析客服的工作状态，对客服的工作进行监督。图 7–14 所示为某童装店设计的客服服务调查问卷，网店可以参照并结合实际情况设计调查问卷。

**客服服务调查问卷**

尊敬的顾客您好：

非常感谢您对×××店铺的支持，为了规范网店客服的工作制度，监督客服的工作情况，最重要的是能让您享受更为贴心的客服服务，我们邀请您共同监督我们的工作，填写这份问卷表，您所提出的每一个宝贵的意见都是我们不断成长的动力！

1. 客服是否礼貌地问好，欢迎您进店选购？
   □ 是　□ 否　其他________
2. 在您向客服咨询相应问题的时候，客服的回答是否有针对性，是否真正帮助您解决了选购商品过程中的困惑？
   □ 是　□ 否　其他________
3. 客服回答您问题的过程中，您等待的时间有多长？
   □ 两分钟以内　□ 五分钟以内　□ 十分钟以内　其他________
4. 客服的服务态度是否良好，有无不耐烦的语气？
   □ 有　□ 没有　其他________
5. 您认为此次购物通过咨询客服解决了您什么问题？（可多选）
   □ 对商品更加详细的了解　□ 邮费的争议　□ 价格的商议
   □ 物流的信息　□ 对商品质量、真伪的信心　其他________

……

图7–14　客服服务调查问卷

### 7.3.5　客服绩效考核的重要性

客服绩效考核的目的不是管理客服，而是提高整个网店的销量和客服的服务水平，达

**208** 到网店和客服双赢的目的。因此，客服绩效考核应该是受客服欢迎的，而不是让客服觉得束缚反感的。下面详细介绍网店利润相关的 3 个公式。

$$网店盈利利润＝网店销售额－成本$$

$$网店销售额＝客服销售额＋静默销售额$$

$$客服销售额＝咨询量 × 咨询转化率 × 客单价$$

由上述公式可知，客服的绩效数据直接影响网店的销售额数据。图 7-15 所示为客服销售技能提高的价值体现。

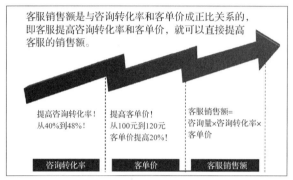

图7-15　客服销售技能提高的价值体现

根据绩效数据的直观反映，客服绩效考核的重要性就不言而喻了。所以，网店管理人员一定要重视客服绩效考核，帮助客服明确努力方向和目标，从而提高工作效率。

## 7.3.6　制定与执行绩效考核方案

绩效考核方案是网店对客服的正当要求和标准规范。优秀的绩效考核方案不仅有利于网店，对客服个人成长更是意义重大。一个网店要想做好绩效考核方案，首先就要制定考核目的、考核对象、考核周期及考核指标等。

### 1. 考核目的

规范网店客服的日常销售工作，明确客服的工作范围和工作重点，使网店对客服的工作进行合理掌控并明确考核依据。

### 2. 考核对象

主管级以上客服和主管级以下客服。

### 3. 考核周期

基于客服岗位特质，客服的绩效考核将实行月度考核，每月作为一个考核单位。

### 4. 考核指标

考核指标是客服工作业绩、工作能力的量化形式。通过各量化指标的考量体现客服的能力和态度、工作业绩。基于客服岗位自身的工作性质和工作内容，对关键绩效考核指标进行考核，如表 7-6 所示。

表7-6　关键绩效考核指标

| 序号 | 考核内容 | 权重 | 详细描述 | 标准 | 分值 | 得分 |
|---|---|---|---|---|---|---|
| 岗位名称： | | | | 姓名： | 考核时间： | |
| 1 | 询单转化率（X） | 30% | 最终付款人数/询单人数 | $X \geq 65\%$ | 100 | |
| | | | | $65\% > X \geq 60\%$ | 90 | |
| | | | | $60\% > X \geq 55\%$ | 80 | |
| | | | | $55\% > X \geq 45\%$ | 75 | |
| | | | | $X < 45\%$ | 65 | |
| 2 | 支付率（F） | 25% | 支付成交笔数/拍下笔数 | $F \geq 95\%$ | 100 | |
| | | | | $95\% > F \geq 90\%$ | 90 | |
| | | | | $90\% > F \geq 85\%$ | 80 | |
| | | | | $85\% > F \geq 80\%$ | 60 | |
| | | | | $F < 80\%$ | 0 | |
| 3 | 客单价（Y） | 5% | 客服客单价/网店客单价 | $Y \geq 1.18$ | 100 | |
| | | | | $1.18 > Y \geq 1.14$ | 90 | |
| | | | | $1.14 > Y \geq 1.12$ | 80 | |
| | | | | $1.12 > Y \geq 1.1$ | 60 | |
| | | | | $Y < 1.1$ | 0 | |
| 4 | 首次响应时间（ST） | 15% | 首次响应时间/秒 | $ST \leq 15$ | 100 | |
| | | | | $20 > ST > 15$ | 90 | |
| | | | | $25 > ST \geq 20$ | 80 | |
| | | | | $30 > ST \geq 25$ | 60 | |
| | | | | $ST \geq 30$ | 0 | |
| 5 | 平均响应时间（PT） | 10% | 平均响应时间/秒 | $PT \leq 30$ | 100 | |
| | | | | $35 \geq PT > 30$ | 90 | |
| | | | | $45 > PT > 35$ | 80 | |
| | | | | $55 \geq PT \geq 45$ | 60 | |
| | | | | $PT > 55$ | 0 | |
| 6 | 退款率 | 5% | 退款订单数/客服订单数 | $\leq 5\%$ | 100 | |
| 7 | 日常管理工作 | 10% | 执行能力（20%） | | 100 | |
| | | | 纪律性（50%） | | | |
| | | | 团队合作（25%） | | | |
| | | | 活动参与度（5%） | | | |
| 8 | 总得分 | 100% | | | | |

被考核人签字：

客服经理审批：

关键绩效考核指标中部分重要指标的含义如下。

● **询单转化率：** 询单转化率是指顾客进入网店后，通过咨询客服并完成商品交易的

**210**

情况，达到了咨询后购买的目的，即经过咨询客服下单成交的顾客数与询问的总顾客数的比率。

- **客单价：** 客单价指的是每一个顾客在网店中的平均消费金额。例如，某网店有5位顾客前来购买商品，他们的总成交金额是1 500元，那么客单价就等于总成交金额1 500元除以成交顾客数5，客单价就是300元。客服客单价是指经由某位客服服务后的商品成交金额与服务的成交人数的比值。客服客单价决定网店客单价。

- **平均响应时间：** 平均响应时间指从顾客咨询到客服做出回应这一过程的时间差的平均值。一般来说，平均响应时间应控制在30秒内。

- **退款率：** 退款率是指网店在近30天成功退款笔数占近30天支付交易笔数的比率。客服退款率就是经由客服服务成交后的退款订单数与客服总成交订单数的比率。

### 经验之谈

绩效考核一定要与奖励挂钩，如每月评比综合排名第一名，奖励500元；综合排名最后一名，从提成中扣200元，这样才能发挥绩效考核的作用，否则即为空谈。

## 7.4 合理调动客服的积极性

客服的积极性指客服在工作中主动付出智慧的意愿和行动，具有极强的主人翁意识，脱离了被动性的工作行为。网店管理人员要想在工作中合理调动客服的积极性，可以通过图7-16所示的8种途径来实现。

图7-16 调动客服积极性的途径

- **不断认可：** 当客服成功完成了某项比较棘手的工作时，非常需要得到的就是网店管理人员对其工作的肯定。网店管理人员的认可是对其成绩的最大肯定，但认可的时机要恰到好处，如果用得太多，价值将会减少；如果只在某些特殊场合和有突出成就时使用，价值就会倍增。因为，对于客服来说，得到网店管理人员的表扬和肯定也是一种精神奖励，这是对其工作价值肯定的直接有效的方式。

● **虚心倾听：** 网店管理人员要虚心倾听客服的意见，并表明自己在乎他们的意见。大多数情况下，客服可能会提出好的意见，如在拟定销售策略、规章制度等方面，发动客服参与讨论，能让客服感受到被尊重。通过讨论消除障碍，提高客服的工作积极性，不失为一种双赢的做法。

● **强化激励：** 强化激励是指使客服心中形成一种竞争意识。大多数客服在竞争中会有一种想成为优胜者的心理，因此网店可以组织各种形式的比赛，来激发客服的工作热情，创造一种相互赶超的竞争环境和气氛。借用这种方法，可以统一全体客服人员的思想、信念和意识，最终达到调动客服工作积极性的目的。

● **一对一指导：** 指导意味着网店管理人员关心客服的职业发展。网店管理人员对客服进行一对一的指导时，虽然花费了一些时间，但传递给客服的信号是网店管理人员对客服的关注及关怀。而且，对于许多客服来说，他们非常在乎上级究竟有多关心、在乎自己。

● **薪酬福利：** 物质奖励是调动客服积极性的有效方法。客服的收入是他们生活的保障，如果基本的生活质量都无法保证，他们何来精力面对工作。因此，网店管理人员在设定客服薪酬福利时，要遵循公平、公开原则，制定科学合理的制度和方案。图7-17列举了两类客服的工资方案。

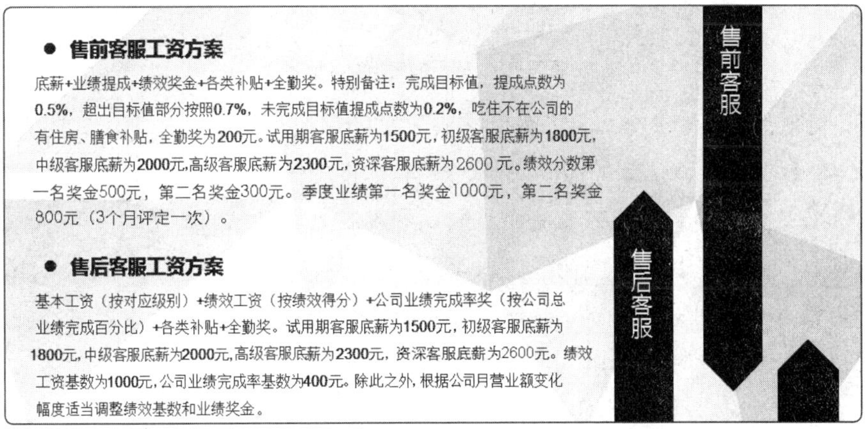

### ● 售前客服工资方案

底薪+业绩提成+绩效奖金+各类补贴+全勤奖。特别备注：完成目标值，提成点数为0.5%，超出目标值部分按照0.7%，未完成目标值提成点数为0.2%，吃住不在公司的有住房、膳食补贴，全勤奖为200元。试用期客服底薪为1500元，初级客服薪为1800元，中级客服底薪为2000元，高级客服底薪为2300元，资深客服底薪为2600元。绩效分数第一名奖金500元，第二名奖金300元。季度业绩第一名奖金1000元，第二名奖金800元（3个月评定一次）。

### ● 售后客服工资方案

基本工资（按对应级别）+绩效工资（按绩效得分）+公司业绩完成率奖（按公司总业绩完成百分比）+各类补贴+全勤奖。试用期客服底薪为1500元，初级客服底薪为1800元，中级客服底薪为2000元，高级客服底薪为2300元，资深客服底薪为2600元。绩效工资基数为1000元，公司业绩完成率基数为400元。除此之外，根据公司月营业额变化幅度适当调整绩效基数和业绩奖金。

图7-17　两类客服的工资方案

● **职工关怀：** 网店管理人员要时刻让客服感受到温暖，贴心为客服考虑，如客服生日慰问、国家法定节假日慰问等。客服感觉到温暖，才会心怀感恩，进而提高工作效率。

● **职位升迁：** 职位升迁既能发挥客服工作的无限潜力，又能增加客服在网店的存在感，使其对这份工作有更多的依赖和付出。

● **工作环境：** 客服的工作环境会对其工作状态产生直接的影响。在积极的环境中，客服会不断努力攀登；而在消极的环境中，客服会表现出消极怠工、尽量推诿的状态。因此，网店一定要营造出积极向上、轻松愉快的工作环境，这对客服工作的有效开展有很大的帮助。

## 7.5 本章实训

（1）说出客服培训的内容，并分析自己是否具有成为优秀客服的资格。

（2）客服价值观培训的内容有哪些？

（3）利用"赤兔名品"软件对商品销售明细数据进行监控，如图7-18所示。

（4）在千牛工作台的"子账号管理"页面中，查看网店中每一位客服的聊天记录，通过聊天记录发现客服在工作中存在的问题，然后对症下药，帮助客服提高业绩。

图7-18 商品销售明细数据

（5）假设你是一名店长，为了激发客服人员的积极性，请针对本店客服人员的具体情况制定一个有效且可以执行的激励机制，具体要求如下。

- 建立良好的竞争机制，好的竞争机制以有说服力的数据作为支撑。
- 根据晋升机制选拔网店中的客服人员。
- 对客服人员使用合理的奖惩机制，注意物质奖励与精神奖励两者的结合使用。
- 利用监督机制来评估客服人员的工作情况，可以通过数据监控来评估客服工作。

# 8

# ITMC网店客户服务实训软件介绍

  ITMC 中教畅享"电子商务综合实训与竞赛系统"网店客户服务实训软件是全国职业院校技能大赛"电子商务技能"赛项客服模块竞赛的专用软件。通过本章学习，考生可深入了解考试的软件系统，熟悉其操作流程，从而为考试打下基础。

- 进入系统页面
- 查看试卷背景材料和添加快捷回复
- 开始答题

  竞赛育人能够拓宽人才的培养途径、增强客服的专业竞争力，也是提高客服实践能力的有效途径。以竞赛为契机，逐步形成以竞赛为驱动力的人才培养模式，快速培育出一批社会需要的、高水准的金牌客服。

- 正确对待比赛，心中有信仰，手中有力量。
- 赛出风采、赛出自我，争取为电商服务贡献出自己的一份力量。

知识要点

视野拓展

# 8.1 进入系统页面

在浏览器地址栏中直接输入指定网址 http：//×××.×××.×××.×××.×××/im，进入用户登录页面，如图 8-1 所示。其中 ×××.×××.×××.××× 表示安装系统的服务器地址，im 表示是网店客户服务系统。

在"用户登录"界面单击 欢迎登录 按钮，在打开的页面中输入用户名和密码，然后单击 登录 按钮进入系统。

图8-1 用户登录界面

# 8.2 查看试卷背景材料和添加快捷回复

进入系统后，系统将开始自动倒计时，考生有 600 秒的时间查看试卷背景材料和添加快捷回复。

## 8.2.1 查看试卷背景材料

试卷背景材料主要包括背景材料、商品种类和网店服务 3 部分内容，图 8-2 所示为试卷背景材料。背景材料主要介绍企业和网店的基本信息；商品种类主要包括商品介绍、商品参数和商品卖点，一套客服试题一般包括四五种商品；网店服务包括商品、发票、快递、退换和售后服务等内容。

阅读试卷背景材料可以方便考生在短时间内对网店的商品种类、商品参数和商品卖点，以及顾客提出的问题有一个全面的了解。

图8-2　试卷背景材料

## 8.2.2　添加快捷回复

要想快速回答顾客提出的问题，考生就要提前设置好快捷回复的内容。添加快捷回复可分为两步，第一步是复制回复内容，第二步是设置并保存快捷回复。

### 1. 复制回复内容

在试卷背景材料后面有常见问题解答。常见问题解答是系统用户提出的问题，并提供了标准答案，一般有 50 道题，涵盖了试卷背景材料中的所有商品。

添加快捷回复时，首先选择要回复的内容，然后在键盘上按【Ctrl+C】组合键复制所选内容，或单击鼠标右键，在弹出的快捷菜单中选择"复制"命令，将问题的答案复制到剪贴板中，如图 8-3 所示。

图8-3　复制回复内容

**经验之谈**

考生在选择回复内容时，一定要注意不能多任何字符，也不能少任何字符，否则系统都会将其判定为错误答案。

216

### 2. 设置并保存快捷回复

设置并保存快捷回复的具体操作如下。

**步骤 01**　登录比赛系统后，单击"快捷回复"按钮，打开"快捷回复"对话框，如图 8-4 所示。

**步骤 02**　在"快捷消息内容"文本框中单击以定位文本插入点，然后按【Ctrl+V】组合键粘贴剪贴板中的内容，或在"快捷消息内容"文本框中单击鼠标右键，在弹出的快捷菜单选择"粘贴"命令，将剪贴板中的答案粘贴到"快捷消息内容"文本框中，效果如图 8-5 所示。

图8-4　"快捷回复"对话框

图8-5　粘贴快捷消息内容

**步骤 03**　粘贴快捷消息内容后，单击 保存 按钮保存快捷回复的答案。重复上述步骤，设置其他问题的快捷回复，效果如图 8-6 所示。

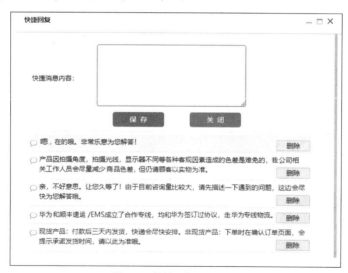

图8-6　快捷回复设置效果

**经验之谈**

如果在设置好回复内容后发现内容有误，则可在快捷回复列表后单击  按钮，删除该问题的快捷回复。

# 8.3　开始答题

自动倒计时结束后，系统将自动跳转至答题界面，考生开始答题，如图8-7所示。

## 8.3.1　打开交谈对话框

开始答题后，页面右侧会随机显示顾客，双击闪烁顾客的头像或文字，打开交谈对话框，在其中可以看到顾客提出的问题，如图8-8所示。

图8-7　答题界面

图8-8　交谈对话框

## 8.3.2　回复顾客消息

考生可以在对话框右侧选择相应的快捷回复，单击 发送 按钮即可回复顾客消息，如图8-9所示。如果在规定时间内回答对问题，则系统会自动给出分数并显示该顾客的下一个问题。

图8-9　回复顾客消息

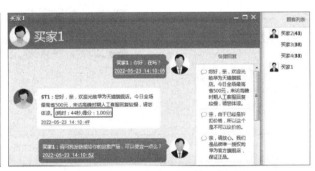

图8-10　在规定时间内回答正确问题

### 1. 在规定时间内回答正确问题

系统规定回答顾客问题的时间为120秒，考生在规定的时间内回答正确问题，得1

分，如图 8-10 所示。顾客会继续后面问题的提问。

### 2. 在规定时间内回复错误

如果考生在规定时间内回复错误，则系统会自动判定分数为 0 分，并提示该顾客早就离开了，即考生无法回答该顾客之后的问题，如图 8-11 所示。

### 3. 回答问题超时

从顾客闪烁开始计时，若回答超过 120 秒，则无论答案正确与否，系统都会自动判定分数为 0 分，并提示顾客早就离开了，如图 8-12 所示，该顾客将不会继续后面问题的提问。

图8-11 在规定时间内回复错误

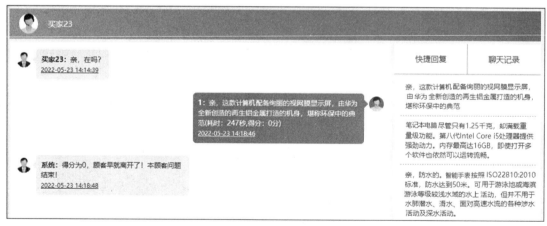

图8-12 回复顾客超时

## 8.3.3 结束对话

顾客问题结束后，考生可单击对话框右上角的"关闭"按钮⊠，关闭该对话框。考生随后开始回复下一个闪烁顾客的消息。

## 8.4　疑难解答

下面总结了一些使用该系统常见的问题和解决方法，以供考生参考。

#### 1．闪烁顾客右侧括号内的数字是什么意思？

闪烁顾客右侧括号内出现的数字为从该顾客闪烁到得到回复时的计时秒数。若考生的应答时间超过了120秒，也需要回答该闪烁顾客的一个问题，顾客头像即可停止闪烁。

#### 2．考生如何选择训练项目？

考生无法选择训练项目。训练项目需要在教师端提前设置好，考生才可进入系统答题。

#### 3．在答题过程中，若发现少设置了某个问题的快捷回复答案，此时应该怎么办？

如果少设置了某个问题的快捷回复，那么在回答问题环节，考生可随时单击答题页面右上角的"快捷回复"按钮，设置快捷回复内容。

#### 4．在答题过程中，有必要修改密码吗？

在日常的练习中，考生可以不修改密码。如果在考试和竞赛环节，则建议先修改密码，再进行答题。修改密码分为两种情况。

● **在设置快捷回复环节：** 进入系统页面后直接单击"修改密码"按钮，打开"修改密码"对话框，考生可在其中设置新密码，如图8-13所示。

图8-13　设置新密码

● **在考试环节：** 在答题界面中单击"修改密码"按钮，如图8-14所示，也可打开"修改密码"对话框，考生可在其中进行相应的修改。

220

图8-14　答题界面